SUSPENS
Tome IV

Pierre Bellemare est né en 1929.

Dès l'âge de dix-huit ans, son beau-frère Pierre Hiegel lui ayant communiqué la passion de la radio, il travaille comme assistant à des programmes destinés à R.T.L.

Désirant bien maîtriser la technique, il se consacre ensuite à l'enregistrement et à la prise de son, puis à la mise en ondes.

C'est Jacques Antoine qui lui donne sa chance en 1955 avec l'émission *Vous êtes formidables*.

Parallèlement, André Gillois lui confie l'émission *Télé-Match*.

A partir de ce moment, les émissions vont se succéder, tant à la radio qu'à la télévision.

Pierre Bellemare ayant le souci d'apparaître dans des genres différents, rappelons pour mémoire :

Dans le domaine des jeux : *La tête et les jambes, Pas une seconde à perdre, Déjeuner Show, Le Sisco, Le Tricolore, Pièces à conviction, Les Paris de TF1, La Grande Corbeille.*

Dans le domaine journalistique : *10 millions d'auditeurs*, à R.T.L.; *Il y a sûrement quelque chose à faire*, sur Europe 1; *Vous pouvez compter sur nous*, sur TF1 et Europe 1.

Les variétés avec : *Pleins feux*, sur la première chaîne.

Interviews avec : *Témoins*, sur la deuxième chaîne.

Les émissions où il est conteur, et c'est peut-être le genre qu'il préfère : *C'est arrivé un jour*, puis *Suspens* sur TF1; sur Europe 1 *Les Dossiers extraordinaires, Les Dossiers d'Interpol, Histoires vraies, Dossiers secrets* et *Au nom de l'amour*.

PIERRE BELLEMARE

Suspens

Tome IV

TEXTES DE
MARIE-THÉRÈSE CUNY

ÉDITION N° 1/GÉNÉRIQUE

SAPHO

Petit village, petite maison rurale au bord de la route, petit cimetière non loin de là.

L'enterrement déroule à pas lents son cortège de femmes en deuil et de paysans cravatés. Un silence murmurant accompagne le défunt.

« C'est bizarre... Il n'était pas malade...

– Le médecin a dit que c'était une mort subite...

– Vous avez vu la tête qu'elle a ? Ma parole, on jurerait qu'elle est soulagée...

– La boulangère m'a dit qu'elle comptait partir à l'étranger, vous trouvez ça normal, vous ?

– Pour moi, il s'est passé quelque chose. A la place des vieux, je ne me laisserais pas faire. Leur fils unique, vous vous rendez compte !

– Moi, j'ai jamais compris ce mariage, c'est bien simple... avec ce qu'on a dit sur cette fille. D'abord, elle est pas d'ici, on la connaît pas...

– Oh ! ça oui... et y'a pas de fumée sans feu...

– C'est égal, le maire devrait demander une enquête, les morts subites à trente ans, vous y croyez, vous ? »

Et voilà. C'est ainsi que naissent les belles lettres anonymes et qu'elles font leur chemin insidieusement mais sûrement, vers le mensonge ou la vérité.

Le mort, le voici : Jean S., trente ans, 1918-1948. Sa photo, reproduite sur un cadre de céramique coloriée, est posée sur sa tombe, de guingois au milieu des fleurs.

C'est la photo de son mariage, prise il y a un an. Visage grave, yeux noirs et petite moustache.

En dessous, un corps d'un mètre quatre-vingts. Un corps de paysan amaigri par cinq ans de captivité, mort subitement il y a trois jours après un an de mariage à peine. Le médecin a signé le certificat de décès sans méfiance et sans aucune objection. Arrêt du cœur.

La veuve, la voici : Anne, vingt-deux ans, d'origine anglaise, installée en France à la fin de la guerre. Arrivée au pays fin 1946, par hasard et en vacances. Brune, mince, belle, peu bavarde, avec d'étranges yeux clairs largement cernés. Bien qu'elle parle un français fort correct, Anne reste l'étrangère.

Les gens d'ici ne l'aiment pas. Elle est arrivée avec une amie, elle a loué une petite maison, près de celle des parents de Jean. L'amie est partie au bout de quinze jours, elle est restée seule. Les parents de Jean lui ont proposé le couvert. Elle était là depuis un mois lorsque Jean, le fils unique, est rentré de captivité. Quelques semaines plus tard, ils se mariaient. Et ça non plus, on n'a pas aimé. Jean aurait dû prendre femme au pays. Il ne manque pas de jeunesses à son enterrement. Des trois ou quatre jeunes filles qui défilent devant sa tombe, l'une d'elles aurait dû être sa femme. De là à dire qu'elle ne serait pas venue au cimetière aujourd'hui, il n'y a qu'un pas. La lettre anonyme le dit franchement et méchamment dès le lendemain de l'enterrement.

L'étrangère a empoisonné son mari, c'est évident. Le mobile aussi est évident. Chez les paysans, si l'on empoisonne quelqu'un c'est pour lui prendre son bien. Les parents de Jean sont âgés, la maison est l'une des plus belles du village et les terres sont riches...

M. le maire est bien ennuyé. Il tourne et retourne le torchon que le facteur a déposé chez lui. La lettre est écrite au crayon, pleine de fautes d'orthographe, intentionnelles ou non. Elle a été postée, suprême astuce, au bourg voisin... Elle est signée, suprême distinction : *Un ami de la Justice.*

M. le maire la montre à sa femme, son meilleur conseiller. Et sa femme lui indique la marche à suivre :

« Va voir les gendarmes, donne-leur la lettre et ne te mêle pas de ça... »

Les gendarmes font une enquête à la poste du bourg, sans résultat. La lettre a été postée un jour de marché, autant dire que tout le village était là. Alors, ils vont voir le médecin. Un bon vieux médecin de campagne, qui hausse les épaules :

« Jean est mort d'une crise cardiaque. Son état général était très mauvais. Il a beaucoup souffert dans les camps. Cette lettre est une vengeance stupide. Probablement une des filles jalouses de son mariage. Je n'ai rien à ajouter au certificat de décès, je le maintiens. »

Et pendant quelques jours, il ne se passe plus rien. Sauf des murmures. On murmure qu'Anne, qui voulait repartir en Angleterre, ne part plus... « C'est pour l'héritage, vous pensez bien ! Les vieux parents devraient faire attention à leur soupe du soir... »

Puis le murmure enfle et accouche d'une nouvelle souris. Une autre lettre anonyme, adressée cette fois au procureur de la République de la ville voisine,

Ce nouveau torchon de papier écrit au crayon accuse le maire d'incapacité, les gendarmes de complicité et Anne d'assassinat. Il réclame l'autopsie du corps de Jean et suggère que sa veuve est une femme de vilaines mœurs. La preuve : elle est arrivée au pays avec une autre femme. Toutes deux vivaient comme un couple, on les a entendues se disputer et l'autre est partie. Une femme comme celle-là n'aime pas les hommes, alors pourquoi a-t-elle épousé Jean, sinon pour l'assassiner et lui prendre son bien ?

Tout ça n'est pas très propre, mais le procureur est tenu de vérifier. On ne sait jamais...

Et c'est là que tout se complique, car l'enquête part de la ville cette fois. C'est donc un policier de la ville qui est nommé. Un mois après l'enterrement, il débarque au village et va voir le maire :

« Inspecteur Marcel. Vous permettez que je m'installe ? »

L'inspecteur Marcel est gros, assez laid, assez sale, et pour tout dire, carrément antipathique. Mais c'est un inspecteur de la ville et le maire n'a rien à dire. Il ne bronche pas quand le policier met les pieds sur son bureau. Il se tait quand il écrase ses mégots dans la salle des mariages. Il obéit quand il réclame à boire ou à manger et répond du mieux qu'il peut aux questions grossières qui lui sont posées.

« Alors, cette Anglaise, si je comprends bien, c'est une garce de femelle ? Vous la connaissez intimement ?

– Inspecteur, je ne l'ai vue que trois fois. Quand elle est arrivée chez ses futurs beaux-parents, le jour de son mariage et le jour de l'enterrement.

– En somme, vous laissez le vice s'installer chez vous, sans vous en inquiéter...

– Cette jeune femme n'a jamais rien fait de mal. Elle est venue avec une amie, c'est vrai. Mais le reste ce sont des ragots... Personne ne s'est plaint de quoi que ce soit.

– Pas même les petites filles à la sortie de l'école ? Allons, allons, monsieur le maire, j'ai fait mon enquête, je sais tout sur elle. Une belle garce, je vous dis.

– Qu'est-ce qui vous permet d'affirmer une chose pareille ? Vous venez d'arriver !

– La police fait faire une enquête sur elle en Angleterre. C'est pas joli joli, tout ça... Vous voulez des détails ? La belle demoiselle a vécu en concubinage avec une femme pendant plusieurs mois. Une institutrice du pensionnat où elle était élevée. Il y a

10

eu un joli scandale, on a renvoyé l'institutrice et sa petite amie. C'est pour ça qu'elles sont venues en vacances chez vous ! Ça vous en bouche un coin, hein ? Dans vos cambrousses, on connaît pas ça. Votre jolie veuve s'est pas mal débrouillée, elle a largué sa petite amie et mis le grappin sur un pauvre gars qui s'était tapé cinq ans de captivité. Allez, faites-moi confiance, on va la boucler vite fait cette enquête, j'ai pas l'intention de moisir ici longtemps. Où est-ce qu'elle habite votre Sapho ?

— Dans la petite maison au coin de la place, à côté de ses beaux-parents... Je vais vous conduire, les pauvres vieux ne s'attendent pas à une histoire pareille.

— Restez tranquille, je trouverai bien tout seul. J'ai vingt ans de métier, monsieur le maire, et dans mon métier on préfère l'effet de surprise, ça va plus vite ! En attendant, voici l'ordre d'exhumation, signé du procureur. Je repasserai vous voir... »

Derrière chaque rideau, on regarde passer l'inspecteur Marcel, un mégot vissé entre ses lèvres minces, les mains dans les poches. Il est, pour certains, l'image même de la justice en marche.

Image un peu suspecte, mais le problème n'est pas là pour l'instant. L'inspecteur Marcel frappe à la porte de la petite maison, en crachant son mégot avec élégance et Anne vient lui ouvrir...

Le contraste est évident entre le policier et la veuve. Il est entré comme en terrain conquis. Elle a reculé comme vaincue d'avance.

L'inspecteur Marcel referme la porte d'un coup de pied en se présentant :

« Marcel, prénom Georges, inspecteur de police. Vous m'attendiez sûrement ? »

Dès que la porte d'Anne s'est refermée, le village a ouvert les siennes. On attend. On discute. On passe et on repasse devant la maison, mine de rien... Mais les heures s'écoulent et le policier ne ressort pas, c'est inquiétant.

Enfin, le voici qui apparaît. Et comme une volée de moineaux, les curieux s'envolent derrière leurs rideaux. L'inspecteur retourne à la mairie. Il va voir le docteur, il se rend au café et demande à téléphoner. Puis il retourne à la maison de la veuve. Il frappe avec désinvolture et disparaît à nouveau pendant deux heures. Au café, le patron raconte aux amateurs d'apéritifs et de ragots :

« Il a appelé son patron. Il a dit que c'était dans la poche et qu'il rentrait demain. L'autopsie, c'est pour demain aussi... »

Les consommateurs hochent la tête d'un air entendu. Et la nuit tombe sur l'événement, vivement commenté autour de la soupe familiale.

« C'est des gens bizarres, les Anglais ! Tu te rappelles de la femme qui vivait avec elle ? Une drôlesse. C'est du propre ! On n'a jamais vu ça chez nous...

— Ça peut mener au crime ces histoires-là. On sait comment elle l'a empoisonné ?

— Penses-tu, elle a pas dû avouer, mais l'inspecteur, c'est un dur celui-là. Si on avait écouté les gendarmes, elle dormirait tranquille, l'empoisonneuse ! »

Or, les villageois se trompent. C'est normal d'ailleurs puisqu'ils ne savent rien. Une indiscrétion du maire et du cafetier ne suffisent guère à établir les faits, alors il faut broder, inventer. Et les villageois sont sûrs, par exemple, que la jeune veuve a nié son crime.

Ils se trompent.

Anne assiste à l'exhumation en silence mais la tête haute. Elle est seule de la famille, les vieux parents se sont enfermés avec leur chagrin. Anne s'en va avec l'inspecteur qui doit la remettre entre les mains du juge d'instruction, toujours sans rien dire. Et la nouvelle arrive comme une bombe au village, quarante-huit heures plus tard !

L'autopsie a révélé la présence d'arséniate de

plomb dans l'estomac de Jean. Et Anne a avoué ! Elle est en prison, le journal le dit. A partir de là, en effet, le village n'a plus que les journaux pour suivre l'affaire.

Les parents de Jean, qui ont pourtant été interrogés par le juge d'instruction, se refusent à toute déclaration. Ils semblent curieusement en vouloir à tout le village. On peut voir la mère chaque dimanche, agenouillée sur la tombe de son fils, qui y repose enfin en paix. Le père ne sort plus. Et les curieux ont renoncé à les plaindre. Des gens qui ne parlent pas n'ont pas le cœur net, c'est sûr...

Près d'une année après l'enquête, le journal local annonce que le procès de la jeune Anglaise est fixé. L'article précise : « L'auteur de la lettre anonyme qui déclencha l'enquête n'a pas été identifié, malgré les efforts du magistrat instructeur... A présent que les faits lui ont donné raison, il faut espérer qu'il se manifestera à l'audience. De nombreux témoins de moralité ont été cités par l'accusation qui s'apprête à démontrer la double vie de l'empoisonneuse, aussi bien dans son pays d'origine que dans notre région. »

Ils sont nombreux, en effet, les témoins. Des témoins d'amoralité surtout. Ils défilent à la barre, la main sur la conscience...

Anne est une perverse, Anne est une enfant trouvée, élevée par charité dans un pensionnat de Londres. Dès l'âge de l'adolescence, elle a mal tourné. Les amours enfantines étaient des amours de dortoir. Jeune fille corrompue, elle a corrompu ses compagnes. C'est elle qui a provoqué une liaison scandaleuse avec une institutrice, et non le contraire bien sûr...

D'ailleurs, elle a avoué son crime, à quoi bon tous ces détails sordides. C'est au deuxième jour du procès qu'Anne demande la parole. Jusqu'à présent, elle n'avait rien dit. Mais aujourd'hui on aborde le crime, son crime...

Pâle, les yeux agrandis de fatigue, plus mince et moins jolie qu'avant, la jeune femme s'agrippe à la barre de ses mains fines...

« Je n'ai pas empoisonné mon mari... C'est faux. Et je n'ai jamais avoué devant le juge d'instruction, vous le savez...

— Mais vous avez avoué à l'inspecteur qui menait l'enquête ! Le nierez-vous ?

— Non.

— Donc, vous vous êtes rétractée. Par peur du jugement sans doute. Vous oubliez le rapport d'autopsie et le plomb...

— Je ne connais rien à cette histoire de plomb. Je ne sais pas comment Jean a pu en avaler. Ce n'est pas moi qui l'ai empoisonné, et il n'a pas été empoisonné, j'en suis sûre...

— Alors pourquoi avez-vous avoué une première fois ?

— Ces aveux m'ont été extorqués de force par l'inspecteur Marcel... »

Scandale et sourire des magistrats. Oh ! ce n'est pas la première fois qu'un accusé joue à ce petit jeu-là... Les policiers sont des brutes et des monstres, c'est bien connu !...

Anne laisse passer le flot des ironies, et s'adresse aux jurés :

« Mon avocat vous dira tout à l'heure ce qu'il en est de l'autopsie, les experts vous diront comment il se peut que l'on ait trouvé de l'arséniate de plomb dans le corps de mon mari. Ils le savent mieux que moi. Mais laissez-moi vous dire la vérité, le juge d'instruction ne m'a pas crue, vous me croirez vous, j'en suis sûre...

« C'est vrai. Je suis une orpheline. Et j'ai connu les pensionnats, les œuvres de charité en Angleterre se chargent d'éduquer les filles comme moi. J'avais trois ans lorsque j'y suis entrée. A l'âge de quatorze ans, je me suis retrouvée dans le lit d'une surveillante. Vous ne pouvez pas comprendre ce que c'est que l'ambiance de ces prisons de filles. Sans parents, sans tendresse, les plus faibles se laissent prendre à n'importe quel piège, si on leur parle d'amour. C'est comme ça que ça m'est arrivé. J'y ai cru pendant un moment. Je ne connaissais rien d'autre. Je n'avais jamais rencontré un homme de ma vie. Autour de moi, il n'y avait que des femmes. Il y eut un scandale, la dernière année. Une fille jalouse nous a dénoncées et mon amie a été mise à la porte. Le jour de ma majorité, je suis allée la rejoindre, parce que c'était ma seule amie, ma seule attache, et que je ne savais pas où aller ni que faire. Si je m'étais bien conduite, comme on dit, je serais restée à l'orphelinat probablement, je serais devenue surveillante à mon tour, ou pionne, ou institutrice, et je ne serais pas là.

« A la fin de la guerre nous avons décidé de nous installer en France pour quelque temps. Des vacances, et une convalescence pour moi, car j'étais malade. Quand nous sommes arrivées ici, j'ai compris beaucoup de choses. C'était la première fois que je vivais à la campagne. En plein ciel, en pleine terre, en plein soleil. C'était la première fois que je voyais des gens qui me paraissaient normaux, et ils me faisaient envie. Et mon amie me dégoûtait, je ne sais pas pourquoi. Elle est partie après quinze jours. Nous nous sommes disputées. Elle n'a pas compris, elle ne pouvait pas comprendre.

« Et puis Jean est arrivé. J'allais partir moi-même, car je n'avais pas d'argent. Je n'avais déjà pas payé la location de la petite maison. Ses parents m'ont nourrie, ils m'ont aimée dès le premier jour et moi aussi... Avec Jean ce fut une drôle d'aventure. Je lui ai tout raconté et il a compris. Un jour que nous parlions de mon départ il m'a dit : « Reste. Je « t'épouse. Toi et moi, nous allons essayer de nous « faire une vie propre. J'ai souffert dans les camps. « J'en ai vu d'aussi dures que toi. Je suis malade, tu « m'aideras à reprendre goût à la ferme, au travail...

15

« je ne suis qu'un paysan, mais on s'entendra bien,
« tu verras. »

« On s'aimait bien, comme ça, instinctivement.
Ce n'était pas le grand amour, et j'avais un peu peur
de lui et du mariage surtout, mais nous avions
besoin l'un de l'autre. Alors je suis restée. Mais les
gens ne m'aimaient pas, je le sentais bien. S'il n'y
avait pas eu Jean et ses parents, et leur tendresse, je
serais partie. J'ai voulu m'accrocher, pour avoir une
famille moi aussi, pour oublier le reste. Je suis jeune,
j'ai le droit de vivre...

« Jean est mort. Et cet horrible inspecteur est
entré. Il m'a raconté ce qu'il avait appris sur moi à
Londres. Il avait interrogé mon ancienne amie, et le
pensionnat avait fait un rapport édifiant sur ma
conduite. Il m'a traitée de vicieuse... Et il m'a dit :
« Tu as intérêt à avouer pour éviter la peine de
« mort. » J'ai refusé. Il est revenu le lendemain. Il
m'a dit : « Le rapport d'autopsie est contre toi, tout
« est contre toi. Tu n'es qu'une sale garce d'empoi-
« sonneuse. Sans moi tu ne t'en sortiras pas. » Il
m'a violée ce jour-là. Il m'a forcée comme une brute
qu'il est, en menaçant d'aller raconter à tout le
monde que c'était moi qui l'avais voulu. Après, il
m'a dit : « Si tu racontes ça au juge il te rira au nez,
« si tu ne dis rien, je m'arrangerai avec ta petite
« amie pour qu'elle témoigne en ta faveur. »

« Voilà. Il m'avait coincée, prise au piège, salie
une fois de plus et je ne pouvais rien faire. Le juge
m'a ri au nez, il ne m'a pas crue... Pour lui comme
pour les autres, je n'étais qu'une sale petite
vicieuse...

« Les parents de Jean savent bien, eux, que ce
n'est pas vrai. Ils savent que j'aimais leur fils à ma
manière, il était la première personne propre que je
rencontrais. Je ne l'ai pas tué. Il est mort parce qu'il
devait mourir, parce qu'il avait été torturé, qu'il était
malade et qu'il ne voulait plus y penser. Il voulait
redevenir un homme lui aussi, travailler, avoir une

16

femme, des enfants et la liberté... Il n'a rien eu, il n'est même pas mort tranquille à cause de moi, de la pourriture que je traîne depuis mon enfance, mais je ne l'ai pas tué... »

En effet. L'arséniate de plomb était en faible quantité, bien trop faible selon plusieurs experts, suffisante pour un seul... Quant au médecin de campagne, qui avait suivi Jean depuis son retour des camps, il était formel. L'arséniate provenait de certains médicaments prescrits par lui et Jean était mort d'une crise cardiaque, qu'il craignait depuis longtemps. Le jour de sa mort, il avait voulu couper du bois lui-même. Un malaise, le coma, il était mort entouré de ses parents, de sa femme et du médecin lui-même...

Anne fut acquittée au bout de cinq jours d'audience. Elle avait fait un an et trois mois de prison pour rien. Le policier a été suspendu, c'était un vieux routier de la police des mœurs, qui croyait tout savoir sur les mœurs des autres, sans se préoccuper des siennes... On découvrit plus tard et à cette occasion, qu'il avait eu, lui aussi, de drôles de mœurs pendant la guerre et il termina sa carrière en prison.

Justice pour lui, beau gâchis pour Anne. Le village ne l'a jamais revue.

UN CHIEN NE CHANGE PAS DE VIE
POUR UNE FEMME

Il écoute le bruit des feuilles. Accroupi derrière un buisson, le braconnier écoute. Chaque craquement, chaque sifflement, chaque frémissement lui raconte la forêt.

S'il le voulait, Budy le braconnier pourrait traduire ce langage extraordinaire. Ici un oiseau, une perdrix... là, un lièvre... un peu plus loin c'est le ruisseau, le courant fait un petit gargouillis sur les pierres du gué, et ce cri aigu, modulé comme une plainte, c'est le renard, il doit être à moins d'un kilomètre...

Budy vit de la forêt, dans la forêt. Seul. Sa cabane, essentiellement meublée de peaux de bêtes et de billes de bois, ne reçoit jamais le moindre visiteur. La forêt est à trente kilomètres de la ville de Hood River, sur la rivière Columbia. Budy est en somme un propriétaire forestier heureux; seuls deux ou trois bûcherons connaissent sa présence, et Budy ne se rend à la ville qu'une fois l'an, à l'entrée de l'hiver.

Cette visite est incontestablement pour lui une sorte de pèlerinage, mais un pèlerinage qui n'a rien de pieux. A ces occasions, il est soûl comme un régiment de Polonais. Tellement soûl qu'il ne peut marcher qu'en comptant le nombre de pas qui le séparent d'un point à un autre, c'est-à-dire de la table, où son verre est vide, au comptoir où il va le remplir.

Le pèlerinage de Budy, c'est une cuite gigantesque dans un bar de Hood River, le premier à l'entrée de la ville, au bord de la route. Il y arrive le matin, après trente kilomètres de route, il en repart quand il est dessoûlé, c'est-à-dire environ vingt-quatre heures plus tard.

Donc, ce jour d'hiver 1952, Budy le braconnier compte soigneusement les quatre pas qui le séparent du comptoir. Depuis trois heures qu'il boit, il compte encore à peu près bien...

Un, Budy vacille un peu et se rattrape au dossier d'une chaise. Deux, il a besoin de ses deux bras en équilibre, comme un funambule. Trois, il plisse les yeux pour distinguer le barman. Quatre, il se cogne au dos d'un consommateur qu'il n'avait pas vu, et pour cause. L'homme, qui ramassait quelque chose par terre, s'est brutalement redressé au moment où Budy croyait s'agripper au comptoir.

Une vague dispute s'engage. L'homme a mauvais caractère, et il n'est pas aussi soûl que Budy. D'une bourrade, il le repousse en arrière et le braconnier se retrouve assis sur sa chaise. Tout est à recommencer. Mais son attention est attirée par la dispute qui dégénère, en dehors de lui d'ailleurs. L'homme au mauvais caractère s'adresse à une femme, à ses côtés :

« De quoi je me mêle ? On t'a parlé ? Ce type est soûl, qu'il aille se faire voir ailleurs !

— Ecoute, Withey, il l'a pas fait exprès...

— Si j'ai envie de lui taper dessus, ça te regarde pas !

— Je te défends de lui taper dessus, Withey, c'est un brave type.

— Ah ! oui ?

Et le dénommé Withey gifle sa compagne avec violence.

« Ça t'apprendra à m'interdire quoi que ce soit. Va faire ton boulot, t'entends ? Et reste pas là à traîner dans mes pieds... »

Si Budy n'était pas si soûl, il comprendrait. Ce Withey au physique avantageux et vulgaire, grimpé sur des bottes à talons, ficelé dans un costume voyant, et cette femme, d'un blond douteux, plus très jeune et barbouillée de rouge...

Mais Budy est bien trop soûl pour comprendre. Il ne dispose plus que de deux ou trois réflexes conditionnés.

Un, on ne frappe pas une femme si on est un homme.

Deux, si un homme frappe une femme, Budy frappe l'homme.

Trois, de toute façon, cet homme l'empêche de s'accrocher au bar.

C'est pourquoi Budy redresse sa grande carcasse de coureur des bois et entame à nouveau son parcours olympique...

Cette fois, au quatrième pas, il s'accroche délibérément au dos de Withey, le fait pirouetter face à lui d'une seule main, et de l'autre lui assène une formidable claque.

Le mètre quatre-vingts de Budy et ses quatre-vingt-dix kilos de muscles ont donné suffisamment d'énergie à cette claque pour assommer un buffle. Withey n'est pas un buffle, ce n'est qu'un petit proxénète malingre, et il s'effondre lamentablement, étendu pour le compte.

Comme il gêne encore les évolutions de Budy, ce dernier l'attrape par le col de sa veste et le jette dehors, tout simplement. Après quoi, il annonce tranquillement :

« Donnez-moi un verre, patron, et pour la dame, elle en a besoin ! »

Le patron s'exécute sans commentaire. Il ne veut pas d'ennuis chez lui et il connaît Budy depuis bien longtemps. D'habitude, son pèlerinage alcoolique ne soulève aucune bagarre. Budy est un pacifique, il a simplement horreur qu'on gifle les dames et après tout, c'est son droit.

Mais c'est la première fois que le braconnier invite quelqu'un à boire avec lui. Et surtout une femme. On ne lui connaît pas d'amis, pas de femme non plus. Depuis des années, il arrive, boit comme un trou et s'en va jusqu'à l'année suivante... sans un mot plus haut que l'autre. Il a vendu quelques peaux, fait des provisions et consacré le reste de son argent à cette énorme beuverie. C'est tout. Quant à savoir pourquoi il boit un seul jour sur trois cent soixante-cinq, nul ne s'est jamais posé la question. Pour compenser les trois cents soixante-quatre autres, probablement...

Budy a donc invité la dame à boire, et celle-ci a accepté. Mieux, elle rejoint Budy à sa table.

« Pourquoi vous avez fait ça ? »

Budy a un geste vague, indiquant à la fois que la chose devait être faite mais qu'elle demeure sans intérêt. La femme insiste :

« Vous savez, il est méchant. C'est un sale type. Il pourrait vous descendre pour moins que ça... »

Budy chasse cette idée comme une mouche importune. Il n'est décidément pas bavard. La femme parle toute seule :

« En plus, ça ne m'arrange pas moi, cette histoire. Quand il va se réveiller, c'est moi qui vais prendre, et vous savez ce qu'il me fait ? Regardez... regardez là, et là... Vous voyez ces marques ? Ça, c'est Withey. »

Cette fois, Budy regarde la femme avec curiosité. Sa grosse main effleure l'épaule qu'elle lui a montrée, bleuie de coups, puis la joue enflée.

« Un jour, il m'a cassé le poignet. Vous voyez, là ? Ça s'est mal ressoudé, j'ai toujours mal depuis. »

Budy prend le poignet avec délicatesse et l'examine comme il le ferait pour un animal blessé. C'est un tendre, Budy. Braconnier d'accord, poseur de collets et de pièges, mais un tendre. Il tue pour manger et vendre les peaux, il ne tue pas pour le plaisir. Et plus d'une fois, il a soigné des bêtes.

Cette femme vulgaire, à la trentaine fatiguée, lui semble un animal blessé. Il a pitié, alors il fait un effort, il parle.

« Vous faites pas de bile, il ne vous touchera pas. »

Et il tapote gentiment la main de la femme... C'est à ce moment que Withey, fou furieux, pénètre à nouveau dans le bar. Il saigne de la bouche, son oreille est enflée et son œil à demi fermé. Mais il tient un couteau et il fonce droit sur Budy. La femme s'écarte en hurlant, et les rares consommateurs prennent le parti de fuir.

Budy esquive le premier coup qui ne l'effleure qu'au bras, et saisissant Withey à bras-le-corps se met à cogner. De chasseur, il se retrouve gibier, il n'aime pas ça.

Les deux hommes roulent à terre et le patron du bar les pousse dehors dans la neige. L'empoignade ne dure que quelques minutes. Budy se redresse, à peine essoufflé.

La femme et le patron du bar se penchent sur Withey, le retournent, le secouent : peine perdue, il est mort.

Budy s'en trouve dessoûlé immédiatement. S'il ne sait que faire, le patron, lui, se précipite au téléphone pour prévenir la police. Alors, la femme prend la direction des opérations et dit à Budy :

« Vous avez une voiture ? Oui ? Alors, filons. Allez, venez ! Ils vont vous arrêter pour meurtre ! Vous coller en prison pour des années ! Allez, dépêchez-vous... »

Et elle traîne Budy, le pousse, le tire jusqu'à sa vieille camionnette chargée comme un baudet de provisions diverses. Elle l'installe au volant, grimpe à ses côtés et crie :

« Démarre, espèce d'idiot ! »

Comme un automate, Budy s'est laissé faire; comme un automate, il obéit et la vieille camionnette rugit sur la route, fonce en direction de la forêt, seul refuge qu'il connaisse. La chasse, cette fois, sera différente, Budy le devine bien.

Cette année, le pèlerinage de Budy le braconnier s'est mal terminé. Le voilà catalogué assassin en fuite et nanti d'une complice dont il se serait bien passé. Que faire d'une femme comme elle en pleine forêt ? Car il faut fuir plus loin. En arrivant chez lui, le braconnier a entassé pêle-mêle les instruments les plus utiles à sa survie : carabine, munitions, hache, poêle à frire, collets, vêtements chauds, et son chien. Un animal étrange, roux comme un renard, mi-loup, mi-bâtard.

Et ils sont repartis. Objectif : rouler le plus loin possible en contournant la forêt pour s'installer à des centaines de kilomètres dans une autre forêt, non loin d'une réserve d'Indiens que Budy connaît pour avoir commercé avec eux il y a longtemps...

Tandis que les fuyards s'organisent, tandis qu'ils roulent en cahotant sur des chemins de terre, traversent des vallées, longent des rivières, la police entame la poursuite.

Elle n'a pas l'avantage sur le terrain. De plus, l'officier de police responsable de l'enquête commence les recherches selon des critères totalement faux. Un proxénète a été tué, il en conclut qu'il s'agit d'une histoire de proxénètes.

Le patron du bar, qui n'aime pas la police, se garde bien de le détromper. Il ne connaît pas Budy, il ne sait pas où il vit, qui il est ni ce qu'il fait dans la vie. Deux types se sont entre-tués à propos d'une fille de trottoir, c'est tout ce qu'il sait. Et les autres témoins, de bonne foi, n'en savent pas davantage.

Si bien que personne, absolument personne, ne songe à visiter la cabane du braconnier Budy et qu'on recherche les fuyards dans les bas-quartiers, les bars mal famés, les maisons closes, puis dans les autres Etats.

Les fuyards y sont inconnus au bataillon. L'arme du crime ne donne rien, et pour cause : il n'y en a pas. Budy a secoué si fort le maigre Withey qu'il lui a brisé la nuque sans s'en rendre compte. Les empreintes digitales sur le verre de whisky abandonné ne mènent à aucune piste. Quant à la dame qui s'est enfuie avec lui, prostituée notoire, on ne l'a pas revue dans le milieu.

Comble de malchance pour la police, la photo de la femme, diffusée sur tout le territoire de l'Oregon, n'a aucune chance de la faire identifier car elle ne lui ressemble plus. Cette transformation spectaculaire s'est passée un matin, au bord d'une rivière tranquille, deux jours après le meurtre.

Budy a regardé sa compagne qui dévorait un sandwich avec appétit :

« Euh... C'est comment, votre petit nom ?

— Suzy.

— Dites, si vous voulez vous laver et vous changer... profitez-en !

— Pourquoi ça ? »

Budy contemple les chaussures à talons, la robe criarde et les cheveux décolorés en désordre. Suzy n'a qu'un méchant manteau en fourrure synthétique pour se protéger du froid.

« Ben, si vous restez avec moi, comme ça vous n'irez pas loin !

— Je n'ai rien d'autre ! »

En silence, Budy lui tend un vieux pantalon, un pull-over, une veste de peau, des mocassins de sa fabrication et un bonnet de fourrure. Suzy regarde cet accoutrement avec méfiance, mais comme elle grelotte de froid, se résigne.

En gentleman, Budy tourne le dos et la laisse barboter dans l'eau froide. Un quart d'heure plus tard, c'est presque une autre femme qu'il a en face de lui.

Débarrassée de ses fards, Suzy ressemble enfin à ce qu'elle est... trente-cinq ans, pas très belle, mais solide, avec d'assez jolis yeux noisette. Elle bougonne :

« J'ai la tête sale, il fait trop froid pour me laver les cheveux.

– Eh bien, coupez-les... »

Couper sa tignasse d'un jaune supposé irrésistible ? Suzy se récrie ! Mais une semaine plus tard, elle s'y résigne d'elle-même avec l'aide de Budy et de son rasoir à couper les cuirs.

Voilà pourquoi ceux qui croiseraient par hasard Suzy sur une route ne penseraient pas une seule seconde à la photo diffusée par la police et les journaux.

Les deux fuyards se sont installés non loin de la réserve d'Indiens, pratiquement abandonnée d'ailleurs...

Budy a retrouvé une forêt, il y a reconstruit une cabane, il s'est remis à braconner, et voilà bientôt deux mois qu'il vit avec Suzy sa vie habituelle de sauvage. Elle ne parle plus de Withey, lui non plus. Ils se sont un jour expliqués là-dessus, une bonne fois pour toutes. Budy s'est contenté de dire :

« C'est pas une vie pour une femme... »

Et ce fut tout.

Par contre, il n'a pas l'air de savoir quelle devrait être la vie d'une femme. Il traite Suzy comme un homme, depuis qu'elle porte ses pantalons. Il partage la nourriture, c'est sa seule concession, car Suzy ne sait pas chasser. Pour le reste, ils ont chacun leur lit de toile et leur gamelle. Lorsqu'il leur arrive de rencontrer du monde, c'est Budy qui parle. Une fois, un garde forestier lui a demandé ses papiers, il n'a montré que les siens. L'homme n'a pas tiqué, il a pris Suzy pour sa femme et Budy en a conclu que personne ne l'avait dénoncé.

Six mois ont passé depuis cet incident. Suzy a maigri, s'est enrhumée, a eu mal aux pieds, s'est plainte de dormir par terre et de ne manger que du gibier ou presque. Puis, elle s'est un peu endurcie. La nouveauté de cette vie rude, la solitude, l'ont changée. Elle qui passait sa vie dans les bars, ses nuits dans des hôtels pouilleux, s'est trouvée bien de ce calme imposé comme une retraite. De temps en temps, elle demandait à Budy :

« On va rester longtemps ici ? »

Et Budy grognait :

« Si vous voulez vous faire prendre et me dénoncer, allez-y. Je ne vous retiens pas. »

Puis, Suzy s'est mise à changer d'optique. Et à parler de plus en plus. Elle s'ennuyait apparemment :

« On ne va pas vivre ici comme des taupes pendant le restant de nos jours ? On pourrait vivre dans une ville...

— J'aime pas les villes.

— Quand même, c'est plus confortable ! Vous n'avez jamais eu envie d'une maison à vous, avec des vrais meubles, de l'eau chaude, et tout ça...

— Ça m'intéresse pas.

— Vous avez jamais été marié ou en ménage ?

— Ça m'intéresse pas...

— Dites, vous avez déjà connu des femmes ? Non ? Jamais ? Allez, ne me faites pas rire... Un homme comme vous !

— Vous feriez mieux de vous taire avant que je me fâche.

— Oh ! moi, ce que j'en disais !... Je trouve ça bizarre, c'est tout. Vous êtes sûr que vous êtes normal ?

— Écoutez-moi, Suzy, vous allez vous taire, sinon c'est moi qui vais me fâcher. Si vous n'êtes pas contente de vivre ici, allez-vous-en; ça m'est égal, au contraire...

— Au contraire ? Alors c'est moi qui vous embête, hein ? Mais, dites donc, je vous ai rien demandé, moi. C'est pas de ma faute si vous étiez soûl comme trente-six ! C'est pas moi qui vous ai demandé de tuer Withey, hein ? Withey, c'était mon homme.

— C'était pas un homme !

— Pas possible ? Pas comme vous, en tout cas...

– Je suis pas un homme, moi ?

– Me faites par rire. Ah ! pour les coups de poing, grâce à Dieu, ça va. Mais c'est tout...

– C'est tout quoi ?

– Rien... »

C'est là que Suzy a pris une gifle. Une bonne, bien claquante. Pour insinuation perfide quant à la virilité de Budy.

La nuit suivante, Suzy a disparu et Budy s'est retrouvé tout seul comme un imbécile. Malheureux, inquiet et pour la première fois de son existence, solitaire et abandonné.

A la réserve d'Indiens, on lui a dit que « sa femme » avait pris un car en direction du Sud. Vers Hood River apparemment. Mais comment allait-elle payer ce voyage, sans argent ou presque ? Budy en a une vague idée, ce qui le rend fou de rage instantanément. Alors, qu'on le recherche ou non, le voilà qui poursuit Suzy au volant de sa vieille camionnette. Elle a voulu retrouver la ville et toutes ses saletés, il ira donc la chercher là. Budy l'a décidé. Sans savoir pourquoi, sans se demander s'il est tombé amoureux de cette misérable épave. Et il avale les kilomètres jusqu'à Hood River. Trois jours plus tard, il entre en coup de vent dans le bar, lieu de ses pèlerinages annuels, et le patron fait :

« Ho !... »

Budy s'approche, le regarde de travers et marmonne :

« T'as vu Suzy ?

– Non, fait l'autre apeuré. J'ai vu personne. Mais, fais gaffe, on vous recherche tous les deux. Toi, surtout. J'ai pas dit ton nom, ni rien, mais fais gaffe quand même.

– C'est pas ce que je te demande. Où elle est ?

– Mais j'en sais rien !

– Où elle va d'habitude ? Où elle habite ? Allez, dis-moi tout ça ou je te cogne...

– Ecoute, Budy, fais pas l'imbécile, cette bonne femme, c'est rien. Elle ira jamais te dénoncer.

– C'est pas de ça que j'ai peur...

– Alors, de quoi t'as peur ?

– Ben... Je sais pas... Je la veux, c'est tout.

– Ça m'étonnerait qu'elle soit dans le coin,

– Pas moi. Elle en avait marre de la forêt, tu comprends ? Elle voulait des meubles, de l'eau chaude et tout ça. Alors, elle est revenue ici, j'en suis sûr. Dis-moi où... »

Le patron croit comprendre. Son raisonnement – limité – le porte à croire que Suzy est devenue « la femme » de Budy, et qu'il veut la récupérer tout simplement. Alors, il indique quelques adresses...

Et Budy se met en chasse. D'un bar à un hôtel, d'un drugstore à un autre, vingt-quatre heures, puis une semaine passent sans résultat. Il a l'air d'un vrai fou à présent. C'est à peine s'il a pris le temps de manger et de dormir. Son chien traîne derrière lui en fouillant dans les poubelles et finalement, sans y penser vraiment, cherchant toujours Suzy en vain, il sacrifie un soir à son pèlerinage habituel, un verre, puis deux, puis dix...

Budy est soûl comme un régiment de Polonais lorsqu'il aperçoit une silhouette dans le brouillard, à quelques mètres. Peinturlurée comme avant, accrochée au bras d'un souffreteux, comme avant. Alors, il compte...

Un pas... puis deux... trois... et au sixième, il cogne sur le souffreteux, l'assomme proprement, saute sur son gibier qui se débat comme un lapin pris au piège, et entreprend de gagner la sortie.

Il ne la trouvera jamais. Le patron de ce bar-là était plutôt du côté de la police...

Ce fut une belle arrestation, avec bataille en règle. Puis ce fut un réveil furieux en cellule et des explications qui menèrent Budy droit devant le tribunal, pour meurtre sans préméditation, coups, violences et blessures diverses sous l'empire de l'alcool.

Le jour du verdict, Suzy était là. Elle avait défendu pied à pied son homme des bois pendant les débats, mais il obtint quand même trois ans ferme...

Trois ans entre quatre murs de béton. Sans terre ni ciel. Sans arbres, sans chien, sans air du tout.

Suzy a crié depuis le banc des témoins :

« T'en fais pas, Budy, je t'attends... »

Et le pire, c'est qu'elle l'a fait,

Depuis 1956, Budy le braconnier, l'ex-homme des bois, est commis dans une quincaillerie de Hood River. Suzy, sa femme, est serveuse dans un snack-bar.

Un seul a échappé au massacre. Le chien. Pas fou, il a disparu dans la forêt, le jour de l'arrestation de Budy.

Vous ne verrez jamais un chien changer de vie pour une femme. On a sa fierté, nom d'un homme !

LE DIEU DU COSMOS

LE stress, Charles Feige connaît. Il n'appelle pas cela le stress, car le mot n'est pas encore à la mode, mais il sait ce que c'est. Sa femme divorce. Elle n'en finit pas de divorcer et de lui coûter de l'argent. Elle n'en finit pas de couper la maison en deux, les tapis en deux, les tableaux en deux... en claironnant :

« Il me vient de ma mère celui-là, tu ne voudrais tout de même pas que je te le laisse ?... »

L'angoisse, ce mot-là non plus n'est pas encore à la mode, mais Charles Feige connaît. Son usine a perdu deux contrats coup sur coup. S'il n'en signe pas un troisième avant la fin du trimestre, son bilan annuel fera le plongeon du côté du passif. Et son comptable n'en finit pas de lui mettre sous le nez des lignes de chiffres, des balances, des factures à terme et des chèques à signer... en marmonnant :

« Je vous préviens, monsieur Feige, si vous signez un chèque de plus, c'est le rouge à la banque... »

Et la fatigue ? Et les encombrements, le téléphone, le bruit, les repas pris sur les nerfs, trop rapides ou trop copieux... et le sommeil qui ne vient plus, le tabac qui empoisonne et cette douleur au bras gauche qui s'insinue. Le médecin tape sur l'épaule de Charles Feige d'un air protecteur, désolé et un peu méprisant...

« Mais non, mon vieux, ce n'est pas le cœur. Une simple arthrite ! A votre âge, ce n'est pas extraordinaire. Par contre, si vous continuez à vivre comme ça, je ne réponds de rien. Vous creusez votre tombe, mon vieux... »

Mon vieux ? Qui est vieux ? Pourquoi vieux ? Qu'est-ce qu'ils ont tous à le traiter de vieux ?

Vieux pour sa femme qui veut « s'épanouir », voir du monde et connaîre un homme attentionné qui lui offre encore des fleurs sans raison valable. Vieux pour son comptable qui le croit incapable de prendre des risques en allant chercher d'autres marchés pour son usine. Vieux pour ce toubib qui se moque de son arthrite et qui la trouve normale... et lui parle de tombe.

Pour qui Charles Feige est-il vieux encore ? Pour sa fille, Hélène...

« Tu vis dans un monde périmé, papa, un monde de profit et de compétition. Il faut quitter les villes, vivre en ascète, s'intégrer au cosmos, faire partie de l'univers humblement et par la prière... »

Qu'est-ce que c'est encore ? D'où sort-elle ce langage de fou, qu'est-ce qui lui prend d'avoir ses yeux extatiques, et c'est quoi, ce balluchon ?

« Je pars, papa. Là où je vais, je prierai pour toi. Je serai heureuse et je ferai tout pour que tu me rejoignes dans la béatitude. »

C'est trop. Cette fois, c'en est trop. Elle a beau être majeure, cette petite idiote mérite une paire de claques.

Et c'est la porte qui claque sur une Hélène douloureuse et décidée. Charles Feige croit devenir fou. Il s'attend à l'infarctus d'une seconde à l'autre, mais ce sera pire.

« Où est ta fille ? »

Charles Feige est entré en trombe dans le nouvel appartement de son ex-femme, encombré de son ex-mobilier.

« Où est ta fille ? Je te demande où est Hélène et je ne plaisante pas !

– Mais je n'en sais rien ! Elle est majeure, non ? Et elle vit chez toi que je sache...

– Elle vivait ! Elle est partie il y a plus d'une semaine ! Et ne me dis pas que tu n'en sais rien !

– Mais si, je n'en sais rien. Je suppose qu'elle en a eu assez comme moi, d'avoir un père invisible à qui on ne peut parler de rien !

– Comment ça, de rien ? Je n'ai jamais empêché personne de me parler ! Qu'est-ce que ça veut dire ?

– Ça veut dire qu'elle est partie faire sa vie ailleurs.

– Où ?

– Où elle veut. Ça ne te regarde pas...

– Si, ça me regarde. Cette gosse est fragile, elle a une tête d'oiseau, n'importe qui peut l'entortiller. Je veux savoir où elle est et avec qui !

– D'abord, ce n'est pas une gosse. Ensuite, elle n'est pas partie avec un homme, si ça peut te rassurer.

– Je m'en doute, elle m'a raconté je ne sais quelle histoire de cosmos et de béatitude...

– Ce n'est pas grave. Elle cherche une religion. Elle a une amie qui fait partie de je ne sais quelle Eglise, ou plutôt association, j'ai oublié...

– Des fous, oui !

– Mais non... Tu vois toujours les choses en noir ! Ce sont des artistes, ils peignent, ils font de la sculpture, du jardinage et de l'art contemplatif, c'est ce qu'elle m'a dit.

– Qu'est-ce que c'est que ça encore ?

– Je n'en sais rien, et excuse-moi, j'attends du monde... »

Charles Feige se retrouve sur le trottoir, désemparé, il n'a réussi à obtenir qu'un seul renseignement utile, le nom de l'amie d'Hélène. Alors, il se rend à l'adresse qu'il trouve dans le bottin.

M. et Mme Rosenberg le reçoivent avec des mines de victimes :

« C'est épouvantable, monsieur, nous ne savons

pas non plus où est notre fille. Elle a rejoint la secte il y a plus d'un an. Pauvre Isabelle...

— Quelle secte ? Je croyais qu'il s'agissait d'un club d'artistes ?

— Oh ! non. Ils se font appeler les « Etres du Cosmos ». Isabelle ne jure plus que par eux. Nous avons rencontré un jeune garçon qui les a quittés et ce qu'il nous a raconté est effrayant. Ils ne mangent que des salades et du blé cru ! Ils boivent un verre d'eau par jour... Ils se laissent mourir de faim et ils prient.

— Qu'est-ce qu'ils prient ?

— Le dieu du Cosmos. Il paraît que les prières leur servent de nourriture intellectuelle et matérielle. Le garçon nous a dit que, ainsi, les membres de la secte prétendent atteindre la béatitude éternelle.

— Et vous n'avez rien fait ? Vous avez laissé votre fille là-dedans ?

— Nous avons fait ce que nous pouvions, mais nous ne pouvons pas porter plainte, notre fille est majeure et la police ne peut pas la ramener de force à la maison...

— Peut-être, mais je ramènerai la mienne ! Où sont ces gens ?

— Ah ! voilà. On ne sait pas ! Isabelle a écrit une fois au début, et puis plus rien. Personne ne sait où ils habitent ni dans quel pays. On nous a parlé de l'Espagne, puis du Brésil. Impossible d'en savoir plus... »

Insensé ! En sortant de chez les Rosenberg, Charles Feige est pris d'une rage subite. Ces gens sont insensés ! Sa femme aussi. Comment peut-on être assez stupide pour laisser des enfants faire ce genre de choses. Et sa fille qui est là-dedans ! Sa propre fille, son Hélène, intelligente, cultivée, élevée dans le meilleur lycée. Comment a-t-elle pu se laisser prendre à un piège aussi grossier ? Ah ! c'était bien la peine de passer son bac et de faire des études de droit !

Comme un bolide, Charles Feige retourne à son bureau, s'épuise en coups de téléphone, et finit par obtenir un rendez-vous avec l'ami d'un ami qui travaille à la Sûreté. Il ne va pas se laisser faire. Si la police ne fait rien, il ira lui-même foutre le feu à leur temple et il ramènera sa fille, toute ficelée s'il le faut !

Pauvre Charles Feige ! Pauvre homme pratique, habitué à prendre les problèmes à bras-le-corps ! Il ne sait rien du Cosmos. Il ne sait pas que c'est l'enfer et que cet enfer est insaisissable.

Les locaux de la Sûreté à Genève, mardi 7 avril 1959 : l'ami de l'ami de Charles Feige y est conseiller. Il occupe un bureau confortable, calme, et il écoute son visiteur calmement et confortablement.

« Je vois, c'est l'éternelle histoire. Ce genre de secte existe par centaines vous savez et la plupart d'entre elles se contentent de vider les économies de leurs membres avant de les abandonner dans la nature. Toutefois, certaines sont plus dangereuses, je n'ai pas entendu parler de la vôtre.

— Il faut que vous la trouviez !

— Eh là, eh là, comme vous y allez ! Vous avez un nom ? Un responsable ? Qui faut-il rechercher et où ?

— Mais je ne sais pas ! Sinon, je ne serais pas là ! C'est à vous de me renseigner, je peux déposer plainte pour séquestration s'il le faut !

— Ce n'est pas si simple, monsieur Feige. Il me faudrait au moins le nom du responsable, du chef, du gourou si vous voulez... Ensuite, nous pourrons le faire surveiller, mais le faire surveiller seulement, car tant qu'il n'enfreint pas la loi, nous ne pouvons rien !

— Ils se font appeler les « Etres du Cosmos », c'est tout ce que je sais. Ils ne mangent rien et passent leur temps à prier Dieu sait quoi. Ma fille est partie les rejoindre depuis plus d'une semaine...

— Elle va vous écrire...

— Peut-être mais si elle n'écrit pas, si elle ne

donne pas de renseignements, je ne vais pas la laisser là-dedans ? Ecoutez... trouvez-moi où ils sont, je n'en demande pas plus.

– Bon. Je vais voir ce qu'on a. Voulez-vous me retéléphoner, disons... dans deux semaines ?

– Non. S'il vous plaît, je sais que vous pouvez le faire maintenant ! Renseignez-vous maintenant, chaque jour compte. S'il faut payer, je paierai...

– Là n'est pas la question...

– Oh ! il y a bien une œuvre quelconque, à qui je peux donner quelque chose ? Je vous en prie, téléphonez... maintenant ! »

Le conseiller se laisse convaincre, il passe de service en service, de « cher ami » en « cher ami, je sais que ce n'est pas ton rayon, mais... » et il raccroche.

« C'est plus compliqué que je ne croyais. Apparemment, il s'agit d'une secte religieuse réfugiée en Espagne. Un de mes collègues en a entendu parler, il semble qu'il y ait eu en Suisse une plainte qui n'a pas abouti. On a parlé aussi d'une mort suspecte. Mais rien n'est moins sûr, en tout cas, ils ne sont plus chez nous.

– Alors ?

– Alors mes pouvoirs s'arrêtent là. S'il y avait un avis de recherche pour un mineur, nous pourrions intervenir, mais ces gens ne sont pas fous, ils ne recrutent que des adultes.

– Ma fille n'est pas une adulte, c'est une enfant. Et vous me parlez de mort suspecte comme ça, tranquillement, non mais, vous vous rendez compte ? Je veux savoir où ils sont en Espagne, et je le saurai. Je ne bougerai pas d'ici avant de le savoir. S'il le faut, je vais vous en fabriquer un, d'avis de recherche, moi, vous allez voir, c'est simple. Tenez, j'ai engagé un garçon de dix-sept ans comme apprenti, je suis responsable de lui, il a disparu pour rejoindre la secte du Cosmos, il s'appelle François Hesse, je peux vous donner son signalement, sa photo et je dépose plainte immédiatement, d'accord ?

– Mais ce garçon n'a pas disparu ! Et je suppose qu'il travaille chez vous ?

– A partir de cette minute, il a disparu. Il fera ça pour moi, et il ne reparaîtra que quand je voudrai...

– Vous ne pouvez pas faire cela, c'est un outrage à magistrat !

– Parce que je vous ai dit la vérité ! Mais si je ne l'avais pas dite ?

– Soyez raisonnable, mon vieux...

– Non ! Je ne suis pas votre vieux et je ne serai pas raisonnable. Ma fille est en danger, c'est peut-être de ma faute, ou de celle de sa mère et de cette vie idiote, je n'en sais rien, je n'ai pas le temps d'approfondir. Oui ou non, voulez-vous m'aider, ou dois-je faire un faux ?

– Bon. Ecoutez, tout ce que je peux faire, c'est demander officiellement à un ami et s'il a un tuyau, je vous le donnerai, c'est promis mais n'y comptez pas trop... L'Espagne, vous savez, ce n'est pas facile en ce moment. Mais donnez-moi le temps !

– Pour quoi faire ? Quelle différence que vous le fassiez maintenant ou demain, ou dans une semaine ? Je suppose que vous pouvez téléphoner ? Je paie le téléphone, je paie les télégrammes, je paie tout ce que vous voulez !

– Payer, payer... Vous n'avez que cet argument !

– Je sais, ma fille me le disait déjà ! Allez-y, téléphonez... Ou alors, dites-moi à qui et je me débrouillerai...

– Mais c'est en France, et il n'y a que les policiers qui aient accès aux archives...

– Alors justement, allez-y, vous êtes policier !

– Je vous préviens, ça va prendre du temps et j'ai des rendez-vous.

– Demandez toujours, j'attendrai la réponse dans le couloir. »

Et Charles Feige attend dans le couloir. Il ne

pense plus à son divorce, à la pension alimentaire, au comptable, à l'usine, aux contrats, à sa petite santé, à rien. Il attend, soutenu par une rage venue on ne sait d'où. Une obstination qui lui ferait avaler des montagnes, quelque chose lui dit qu'il faut y arriver, il doit y arriver. C'est cela ou la mort.

Trois heures plus tard, le policier reçoit un télex laconique :

Secte dite des Etres du Cosmos, répertoriée en France en 1948, éteinte à la suite de deux décès, procès et condamnation du mage, pour non-assistance à personne en danger. Signalée en Suisse et dans le Midi de la France en 1955. Pas de plainte. Dirigée par un certain Edouard B., nationalité espagnole. Centre repéré à Barcelone, adresse imprécise. Domicile du sieur B. : Calle Fernando, n° 28, Barcelone. Probablement fausse. Pas d'autre information.

Charles Feige s'empare du télex avec avidité, il promet de tenir au courant, de ne pas faire de bêtise, de ne pas intervenir sans motif sérieux, de ne pas faire état de ses renseignements à d'autres qu'à la police et fonce à nouveau.

Il est six heures du soir, il n'a pas déjeuné, il téléphone à son bureau, hurle qu'il sera absent quelques jours, investit une agence de voyage et se retrouve dans un avion à sept heures du matin, barbu, épuisé, avec une vague douleur au côté gauche, son arthrite sûrement.

A Barcelone, Charles Feige s'accorde le temps de trouver une chambre d'hôtel et d'y déposer son imperméable et sa petite valise. Sous la douche, il manque défaillir, car il n'a rien mangé, pas dormi et car il a fumé d'innombrables cigarettes depuis quarante-huit heures.

Un nouveau café lui redonne du courage, un taxi l'emporte à onze heures du matin, calle Fernando, n° 28 et l'y laisse, contre un fabuleux pourboire en francs suisses. Charles Feige ignore le cours de la peseta et n'a même pas pris le temps de changer de l'argent.

Devant lui, une porte de bois sans nom, sans boîte aux lettres. Le quartier est lugubre, vaguement inquiétant, les maisons sinistres. Il y règne une odeur d'huile rance. Quelques gamins regardent avec curiosité cet homme qui cogne à la porte de bois. On essaie de lui faire comprendre qu'il n'y a personne...

Sans se décourager, Charles Feige écrit sur un papier le nom du personnage qu'il recherche : Edouard B.

On lui fait comprendre qu'il n'habite pas là. « Où ? » demande Charles Feige à grands renforts de gestes, mais personne ne le sait...

L'adresse est probablement fausse. Cette porte est une muraille. Ce 28, calle Fernando figure sur la carte d'identité d'un monstre qui se terre ailleurs, dans une autre tanière.

Charles Feige étouffe de rage, il respire mal, mais il refuse le découragement. Où aller dans cette ville étrangère ? Voir le Consul ? du vent. Voir la police espagnole ? du vent. Tout est du vent, tout lui échappe...

Assis sur le trottoir, Charles Feigne, le cœur serré, contemple le caniveau en pensant à Hélène, son petit bout de fille de vingt-deux ans, cette idiote, grosse comme un haricot, fragile comme un Saxe, avec son visage pâle et ses cheveux noirs trop longs.

Soudain, quelqu'un lui frappe sur l'épaule; c'est un adolescent...

« Français, monsieur ? »

Charles Feige reprend espoir, il montre son papier avec le nom écrit dessus et sort une poignée de billets...

L'adolescent le regarde, comprend, fait disparaître les billets avec une rapidité étonnante et le guide vers une arrière-cour, à l'intérieur de l'immeuble. Là, il frappe à une porte, discute longuement avec une femme vieille et sale, puis fait signe qu'il faut encore de l'argent. Charle Feige se sent ragaillardi. Le voilà enfin en terrain solide, on lui parle un langage logique. Il veut un renseignement, il le paie, c'est plus simple.

L'adolescent palabre encore un peu, puis salue la vieille et tente d'expliquer ce qu'il a appris, mais il parle mal le français et finalement trouve plus simple de faire un croquis.

Il indique le nom d'un village après Barcelone, dessine une route, avec des arbres, puis une maison sur la droite et trace une croix dessus. C'est rudimentaire mais c'est une piste. Et Charles Feige fonce à nouveau. Trouver une voiture et la louer lui prend deux heures. Il avale une omelette insipide, sort de Barcelone, se perd, demande sa route au moins dix fois et il fait nuit quand il arrive au village indiqué sur le bout de papier.

Les jambes flageolantes, brisé de fatigue, il fait halte dans un petit café, commande n'importe quoi, l'avale, tend une dernière fois son papier à la ronde. Il comprend « deux kilomètres ». Un vieux le met sur le chemin, et le voilà enfin arrivé à pied d'œuvre. Il fait froid. Un mur de clôture lézardé, écroulé par endroits, entoure une ferme. Un chien aboie mollement. Charles Feige se dirige vers une faible lumière qui sort d'une fenêtre close, tandis que le chien s'énerve. Il frappe et une angoisse brutale lui serre la poitrine. C'est un fantôme qui ouvre la porte. Un fantôme en robe blanche, aux yeux creux, dans un visage maigre à faire peur... Charles Feige dit en français :

« Je veux voir Hélène, ma fille... »

Le fantôme recule et le laisse entrer sans répondre. Autour d'une table vide, quatre fantômes sont assis. Trois femmes et un homme. La lueur d'une lampe à pétrole éclaire leurs visages silencieux. Ils ont l'air de cadavres.

Sur un lit, Charles Feige distingue une vague silhouette. Il s'en approche le cœur battant pour reconnaître Isabelle, l'amie de sa fille.

Isabelle qu'il a connue ronde et pimpante, écervelée, normale... Elle agonise. Son corps est celui d'une enfant, elle ne doit pas peser plus de trente kilos. Elle ne le reconnaît pas. Une sorte de bafouillement incompréhensible, toujours le même, sort de ses lèvres sèches.

Charles Feige se met à crier :

« Hélène ? Hélène, où es-tu ?... »

Les fantômes sursautent à peine mais quelque part, une porte s'ouvre. Hélène et un autre homme apparaissent, vêtus de blanc, l'œil extatique.

Charles Feige secoue sa fille avec désespoir :

« Hélène, mais qu'est-ce que tu fais, bon sang ? Qu'est-ce qui se passe ici ?

— Va-t'en, papa ! Tu ne comprends pas...

— Hélène ! Cette fille est malade, il faut appeler un médecin !

— Tu vois, tu ne comprends pas. Nous n'avons pas besoin de médecin. »

Charles Feige s'apprête à hurler ou à cogner, il ne sait pas, il voudrait de l'air, de la lumière, il voudrait que ces gens bougent, que sa fille bouge, qu'elle lui dise bonjour, qu'elle existe, qu'elle s'inquiète de savoir comment il est arrivé là. Et c'est le moment que choisit pour parler l'homme qui vient d'entrer :

« Ne troublez pas notre communauté, monsieur, je suis le Dieu du Cosmos, et mes fidèles sont en méditation. »

Tout tourne autour de Charles Feige, tout, les fantômes, la jeune mourante, sa fille. Il ne reste que ce barbu imbécile et pontifiant, le dieu du Cosmos. Et Charles Feige se met à cogner, à cogner... Enfin on crie autour de lui, enfin les choses bougent, enfin il empoigne un adversaire. Les fantômes s'enfuient en pleurant et le chien hurle à présent...

Charles Feige a eu raison du barbu, il empoigne

sa fille, la gifle pour la faire taire, saisit la jeune mourante d'un bras et Hélène de l'autre. Il enfourne le tout dans la voiture et repart à tombeau ouvert sans cesser de parler, de crier, d'expliquer, de traiter sa fille de tous les noms et, terrorisée, elle se tait. Il parle seul, il délire tout seul.

A Barcelone, admise dans une clinique à trois heures du matin, la jeune Isabelle est déclarée perdue par les médecins qui parlent de déshydratation. La police s'affaire autour de Charles Feige et de sa fille. Il lui faut encore expliquer, raconter jusqu'au lendemain. Hélène fait une crise nerveuse, et se retrouve à son tour dans une chambre de la clinique.

Le 10 avril au matin, Isabelle, vingt-quatre ans, meurt à la clinique. Depuis deux ans, elle se nourrissait de bouillie d'herbes et d'une poignée de blé par jour. Edouard B., en fuite après son pugilat avec Charles Feige, est retrouvé à Madrid où il sera jugé et condamné à quinze ans de prison pour non-assistance à personne en danger.

Hélène Feige émergea d'une cure de sommeil au bout de vingt jours; elle avait déjà perdu dix kilos en quinze jours et croyait fermement que l'ascétisme du dieu du Cosmos la rendrait éternelle.

Quand elle a repris ses esprits, il a fallu lui annoncer avec ménagement que son père, Charles Feige, était mort à cinquante-sept ans d'une attaque cardiaque soudaine, dans sa chambre d'hôtel, le 11 avril 1959, en téléphonant à son bureau de Genève pour rassurer son comptable.

Pauvre vieux Charles Feige!

LE CHIEN DE SON MAÎTRE

Le père Rodolf trouve la vie saumâtre. Il a plusieurs raisons pour cela, tellement de raisons qu'il a bien du mal à s'en souvenir.

La première, c'est son état d'Allemand, de citoyen allemand moyen, qui lui a fait subir deux guerres de fous. En 1914, il avait dix-huit ans, alors, hop! jusqu'en 1919. Les plus belles années de sa vie, dit-on, Rodolf les a passées dans la boue des tranchées, le cou courbé sous les obus, le nez au ras des balles et les pieds dans les cadavres des autres. Il y a de quoi la trouver saumâtre, cette vie qu'on vit...

La seconde raison, c'est une femme. Vous rentrez de la guerre, les poumons mités par les gaz, l'avenir bouché par le chômage... Et vous croyez apercevoir un rayon de soleil, comme un souffle d'air pur... une femme. Belle, ronde et douce... Vous l'épousez, et quelques années plus tard, alors que vous travaillez pour elle, que vous vivez pour elle... Hop! elle s'en va... avec un autre, évidemment, sinon, ce ne serait pas drôle!

La troisième raison, c'est la même que la première. On vous dit : « Rodolf, tu es un guerrier triomphant, va conquérir le monde, la race allemande est derrière toi, le national-socialisme devant toi, et la gloire est au bout... » Eh hop! ça recommence. Le temps de comprendre que la guerre et les femmes font les hommes cocus de la même façon...

et on vous relâche dans les ruines. Les ruines de tout. Les ruines de sa maison, entre autres.

Alors, la vie est saumâtre, voilà... C'est pourquoi le père Rodolf a préféré les arbres. Il est devenu garde forestier. Et à présent, il est retraité des gardes forestiers. On ne voit pas très bien quel mal pourrait vous faire un arbre, n'est-ce pas ? Ça ne fait pas la guerre un arbre ! Ça ne s'en va pas du jour au lendemain sans prévenir, un arbre ! C'est immuable, solide et silencieux et ça ne vous tire pas dessus.

Bref, c'est la seule compagnie que supporte désormais le père Rodolf, à soixante-huit ans. Ce jour de décembre, en cette veille de Noël, dans la forêt de sapins immaculée sous la neige, il ne s'attend pas à trouver la vie saumâtre une fois de plus...

Il faut imaginer ce héros malheureux d'un mariage et de deux guerres ratées. Un mètre soixante-huit allongé, un mètre soixante-cinq debout. Un éclat d'obus dans l'épaule gauche, pas loin du cœur, et ledit cœur essoufflé. Deux braves petits yeux bleus, un peu désenchantés, une moustache et une barbe de Père Noël, l'air un peu simplet en général.

Il sort de sa maison, à l'orée de la forêt.

Darmstadt, la ville la plus proche, est à trente kilomètres. Cette ancienne capitale de la province de Hesse attire les touristes, mais pas le père Rodolf qui ne lit qu'un journal par semaine, lorsqu'il se rend au village pour les provisions. C'est là son unique contribution à la vie sociale.

Seul sur le chemin avec son chien, le père Rodolf s'en va à la recherche d'un petit sapin de Noël. Comme chaque année, il va le décorer de neige artificielle (alors qu'il est environné de vraie neige !), de boules multicolores et de trois guirlandes râpées, vestiges du temps lointain où il avait une femme. Cela peut paraître stupide en pleine forêt de sapins, mais c'est un rite. Ce quelque chose lui donne l'idée de la fête et remplace la famille absente. Un verre de schnaps devant le sapin, c'est le Noël du père Rodolf.

Mais en bon forestier, il ne va pas scier un arbre jeune. Il va le déterrer et le garder en pot le temps de la fête. Ensuite le Jour de l'An, il le replantera près de la maison, comme chaque année.

Il y a dix-huit sapins autour de sa maison. Une manière comme une autre de compter les années de solitude, son calendrier personnel depuis 1947.

Au bout d'un kilomètre environ, le père Rodolf aperçoit les cartons. Trois cartons recouverts de neige, sous un groupe de sapins. Et il marmonne, car il a déjà vu ces cartons il y a trois jours, en se disant : « Voilà encore des fous qui se sont débarrassés de leurs ordures dans la forêt ! » Une raison de plus pour le père Rodolf de trouver la vie saumâtre. On a beau dire aux gens : « Attention, vous vous polluez vous-mêmes ! », ils s'en fichent les gens. Ils continuent à jeter des papiers gras, des boîtes de conserve, à mettre le feu aux bois, à asphyxier les villes, à assassiner les poissons et les rivières. Et ils se plaignent ensuite que la mariée soit vilaine !

« Ah ! là ! là ! marmonne le père Rodolf, il va falloir que je nettoie moi-même. »

Il s'approche pour examiner les cartons de plus près. Il pose sa pelle et sa pioche, la corde destinée à traîner son sapin, la laisse de son chien, et il ouvre le premier carton couvert de neige durcie par le gel.

Et son pauvre cœur essoufflé en prend un coup ! Un tel coup que le père Rodolf en tombe assis, le derrière dans la neige. Non, ce n'est pas un cadavre. On ne trouve pas que des cadavres dans les histoires à suspense...

Le cœur battant, les yeux exorbités, le père Rodolf regarde avec intensité l'extraordinaire contenu de ce carton : des billets de banque ! Des liasses de billets, des liasses et des liasses et encore des billets, gelés, raides de froid, mais bien reconnaissables.

Et autant dans le deuxième carton, et autant dans

le troisième. Tant et tant de billets que le vieux forestier est incapable de les compter, incapable d'imaginer même la somme qu'ils représentent.

Toujours assis dans la neige, le père Rodolf se souvient tout d'un coup de quelque chose : c'était dans le journal, au début de la semaine, on parlait d'un hold-up à Darmstadt et de gangsters en fuite. Combien a-t-il vu de zéros sur le journal ? Cinq ou six, pour le moins, des milliers de marks...

Le derrière gelé, le père Rodolf se relève et examine le problème. Il ne peut pas laisser l'argent ici. N'importe qui pourrait le voler, surtout aujourd'hui. Une armée de pères de famille ne va pas tarder à envahir la forêt à la recherche d'un sapin pour les chers petits. Le temps d'aller au village prévenir les gendarmes et de revenir, il lui faut deux heures. Or, il est dix heures du matin et un retour à midi serait trop dangereux. Il faut donc emporter les cartons, mais qu'ils sont lourds, ces diables-là ! et encombrants ! Après quelques minutes de réflexion, le père Rodolf improvise.

La pelle et la pioche serviront de traîneau. Les cartons ficelés dessus avec la corde destinée au sapin. Et la laisse du chien pour traîner le tout.

Son travail accompli, le père Rodolf reprend son souffle avant de se mettre en route. Un moment, il se traite d'idiot. Il aurait dû déterrer son sapin et le traîner en même temps, cela lui aurait évité de revenir. Mais il n'a pas la force de recommencer. Alors, il se décide à partir.

Le chien devant, le père Rodolf tirant sur la laisse et les millions de marks glissant sur la neige, l'étrange équipage arrive à l'orée du bois, vers onze heures. La route sera plus facile à présent. Le père Rodolf décide d'aller au café situé un peu en retrait du village. Là, il pourra faire d'une pierre trois coups : se reposer en buvant un schnaps, téléphoner aux gendarmes et raconter son histoire aux habitués. On n'a pas si souvent l'occasion d'être un héros. Il ne reste plus qu'un kilomètre lorsqu'il entend dans son dos le ronflement d'un moteur et aperçoit une voiture bleue. Bonne aubaine, cette voiture pourrait l'aider à terminer la route ! Le vieux n'a même pas le temps de faire signe que la voiture s'arrête à sa hauteur et que deux hommes en descendent, souriants...

« On peut vous aider, grand-père ? La neige est dure ! »

Et les voilà qui hissent le chargement dans le coffre. Le père Rodolf remercie et s'apprête à monter dans la voiture. Il ordonne à son chien :

« Wolf ! Tu suis la voiture ! T'as compris, Wolf ? »

Wolf est un chien obéissant d'habitude. Or maintenant, il n'a pas l'air d'apprécier l'ordre. Il regarde son maître d'un air surpris et grogne avec mauvaise humeur...

Le père Rodolf s'apprête à lui faire comprendre qu'un chien bâtard, crotté de neige et de boue, n'a rien à faire dans une si belle voiture, mais il n'a pas le temps de commencer sa phrase...

Tout recommence ! Deux grands coups sur la tête, les yeux qui font roue libre et le voilà dans le cirage. Il n'entend plus les portières claquer, la voiture démarrer en trombe et le chien hurler de rage, en galopant derrière. Le voilà une fois de plus dans le camp des idiots. Evanoui dans la neige, tout seul au bord de la route, une veille de Noël et par un froid de canard ! La vie est décidément saumâtre.

Si la père Rodolf avait été truand, ou un tout petit peu voleur, ou un rien aventurier, il aurait traîné les cartons jusque chez lui, dans la direction opposée à celle de la gendarmerie. Et à l'heure qu'il est, c'est-à-dire une heure de l'après-midi ce 23 décembre 1965, le père Rodolf serait riche. Pour une fois, il aurait pris sa revanche sur la vie. Au lieu de cela, il est étendu dans la neige, avec deux vilaines bosses sur le crâne : un coup de manche de pelle, un coup de manche de pioche. Même son chien l'a abandonné. L'absurde animal, issu de parents corniauds indéterminés, galope comme un fou sur la route enneigée, à la poursuite d'une chimère, car la voiture bleue à dû le semer depuis longtemps.

En reprenant ses esprits, le père Rodolf retrouve en même temps toute sa rancœur contre la vie et les hommes en général. « Faites donc votre devoir ! Et constatez le résultat ! »

En arrivant à la gendarmerie, le vieux garde forestier a le crâne en coton et la bouche amère :

« C'est comme ça, chef... Y z'ont failli me tuer, les deux salopards. Je me demande comment ils ont compris qu'il y avait de l'argent là-dedans ! »

Le père Rodolf n'est pas très malin. Et le chef lui explique gentiment qu'il est tout simplement tombé sur les auteurs du hold-up, venus rechercher le magot qu'ils avaient camouflé là pendant quelques jours, le temps de passer les barrages de police.

« Ben, y sont pas malins ! Je les ai vus il y a trois jours ces cartons, et si j'avais pas été chargé de bois comme un âne, je les aurais déjà ramassés ! »

Pas malin, ceci est une autre histoire. Le forestier apprend de la bouche même du commissaire chargé de l'enquête que ces hommes-là, au contraire, sont des malins. Des durs à cuire, des professionnels...

Le hold-up a eu lieu le 15 décembre. Un fourgon de la Caisse d'épargne a été attaqué par une voiture jaune. Des coups de feu, la vitre arrière du fourgon a volé en éclats, et tout a été très vite. Trois hommes armés ont déferlé sur les occupants... « comme la foudre », ont dit les employés, au nombre de quatre dans le fourgon.

Les trois gangsters en survêtement et cagoule noire ont fait sortir tout le monde, se sont emparé d'une caisse contenant 499 550 marks... et de petits sacs de pièces pour 340 marks... soit au total, un demi-million de marks. Des billets non marqués, non répertoriés, destinés à alimenter en monnaie quatre succursales de la Caisse d'épargne.

L'attaque a eu lieu sur une route droite à la sortie de Darmstadt. En cinq minutes, les trois hommes ont filé. Du travail propre, sans crime, sans excès de violence. Donc, des professionnels, des vieux de la vieille, pas de ces jeunes loups aux dents longues et aux nerfs fragiles qui tuent pour leur cinéma personnel.

Seulement, aucun des employés n'a été capable de donner un signalement, et pour cause : les cagoules.

C'est dire que le père Rodolf est un témoin de choix pour le commissaire. Il a vu, de ses yeux vu, deux des gangsters. Il les a entendu parler...

« Alors, mon vieux, décrivez-moi la voiture et les deux hommes...

— Ben... c'était une voiture bleue...

— Le numéro ?

— J'ai pas fait attention, monsieur...

— Quel genre de voiture ?

— Ben, bleue...

— D'accord, mais la marque ? Grosse, petite, américaine, allemande ? »

Le père Rodolf a mal au crâne, et du mal à rassembler ses souvenirs. Il a vu le coffre de la voiture, surtout le coffre, un grand coffre, mais c'est tout. Pour le reste, lui et les voitures...

Le commissaire abandonne. L'équipe de l'identité judiciaire fera du meilleur travail en relevant les empreintes de pneus dans la neige; si elles sont exploitables.

« Bon. Alors les hommes ?

— Y m'ont tapé dessus !

— C'est une évidence... » soupire le commissaire qui commence à perdre espoir.

Il a devant lui l'unique témoin visuel de l'affaire et c'est un abruti ! Non, le père Rodolf n'est pas un abruti. Et le commissaire est méchant de penser cela.

Méchant et injuste. Si le vieux Rodolf lui racontait sa vie, il comprendrait.

« Tout le monde me tape dessus, monsieur... Toute ma vie on m'a fait des misères... »

Et voilà le vieux lancé dans ses souvenirs d'ancien combattant et d'ancien mari. Pour arrêter ce déluge, le commissaire a une inspiration :

« Ecoutez-moi bien, mon vieux, il y a une récompense à la clef. Dix pour cent de la somme volée à toute personne qui permettra l'arrestation des gangsters. Dix pour cent d'un demi-million de marks, cela fait cinquante mille marks. »

Le vieux Rodolf lève un œil abattu, puis méfiant, puis angoissé. Cinquante mille marks ? C'est une somme énorme pour lui ! Et le voilà qui geint :

« C'est bien ma veine ! Vous voyez ? Pour une fois que je peux gagner quelque chose...

— Et alors ? Faites un effort, essayez de me décrire ces deux types, vous les avez vus, nom d'une pipe !

— Ben oui, je les ai vus, mais je les ai pas regardés. Je regarde pas les gens, moi ! Et après il m'ont tapé dessus par-derrière, alors... Y en avait un avec un chapeau, ça je me rappelle.

— Bon, on va vous montrer une séries de photos... et si un visage vous rappelle quelque chose, vous le mettez de côté, allons-y... c'est le seul moyen. »

Voilà donc le vieux Rodolf effeuillant la plus belle liste de malfrats du pays. Cela dure des heures. Puis, tout à coup, une trouvaille !

« En voilà un ! »

Branle-bas de combat chez les policiers... Télex, affolement, précipitation et la suite...

... Pour s'apercevoir, deux heures plus tard, que l'homme de la photo est en prison en Autriche ! Le suspect a un alibi en béton, il est même enfermé dedans !

Vers six heures du soir, le pauvre vieux Rodolf, épuisé, abandonne. Avec son pansement sur la tête, sa paire de lunettes cassées et son air de chien battu d'avance, il désespère le commissaire et ses hommes.

A propos de chien battu, d'ailleurs, le vieux marmonne :

« Et en plus, il va falloir que je retrouve Wolf... »

Œil vague des policiers.

« Ben oui, mon chien ! »

Œil abattu des policiers...

« Têtu comme il est, il a dû les suivre pendant des kilomètres... »

Œil intéressé des policiers :

« C'est quoi votre chien ? Un chien de chasse ? Un berger ?

— Ben, j'en sais rien, vous savez, un genre de bâtard. Je l'ai trouvé y a plus de sept ans de ça, attaché à un arbre, tout seul dans la forêt. Des salopards qui l'avaient abandonné pour sûr. L'avait à peine six mois, le pauvre. Ça lui est resté d'ailleurs, vous savez pas ce qu'il fait ? »

Œil découragé des policiers.

« ... Vous savez pas ? C'est drôle, hein, les bêtes ! Moi j'ai dans l'idée qu'il a été abandonné par des gens en voiture, parce que, chaque fois qu'il voit une voiture, y court derrière, une vraie plaie. Heureusement, c'est pas souvent. La dernière fois, on me l'a ramené au bout d'une semaine, il était à quarante kilomètres, c'est pour ça que je prends toujours la laisse... Quand j'arrive sur la route, je l'attache, mais là, forcément, la laisse, je l'avais accrochée après les cartons... Mais je lui avais dit de suivre la voiture... »

Cette fois, l'œil des policiers s'illumine. Ils n'osent pas y croire. Ce serait trop beau, un chien ne va pas aussi vite qu'une voiture ! Mais tout de même, avec la route enneigée et la vitesse réduite, pour peu que le chien soit aussi têtu que le dit son maître... Le commissaire s'accroche à cette chance dérisoire et minuscule, mais au point où il en est !

« Décrivez-moi votre chien. Qu'est-ce qu'il y a sur la plaque ?

– Ben, il est haut comme le tabouret à peu près, noir et blanc, avec des poils sur les yeux et une tache noire sur les pattes avant. Sur sa plaque, y a son nom et le téléphone du poste de garde forestier, de chez moi en somme. »

Cette fois, c'est le signalement de Wolf qui fait le tour des postes de police, des gendarmeries et des barrages installés sur les routes dans un rayon de cinquante kilomètres. Ordre est donné à tout policier qui rencontrera ce chien de rester sur place et de le kidnapper si possible.

C'est insensé, qu'espère donc le commissaire ? Avec de la chance, et si l'on retrouve le chien, on retrouvera peut-être la voiture... Mais après ? Les gangsters ont dû l'abandonner et ils ne sont pas hommes à y laisser des empreintes...

Qu'importe. On ramène le vieux Rodolf chez lui et un inspecteur lui tient compagnie près du téléphone.

Les heures passent. Le téléphone ne sonne pas et le père Rodolf marmonne qu'il n'aura pas deux fois la chance que quelqu'un retrouve son chien et le prévienne. Ce en quoi il a tort.

En fait, ce n'est pas lui qu'on prévient mais les gendarmes. Pour une raison bien simple : le gardien d'une carrière, à douze kilomètres de là, a entendu un chien aboyer. Il a voulu voir de plus près mais impossible, le chien ne voulait pas le laisser approcher. Il semblait garder une voiture abandonnée, en plein milieu de sa carrière. Une voiture bleue ! Les gendarmes foncent et, avec bien du mal, réussissent à capturer Wolf, réfugié dans la voiture.

L'animal est dans une rage indescriptible. Il a les pattes en sang d'avoir couru et un vilain coup sur le museau. Les babines retroussées, il mordrait la terre entière...

Et il a mordu, sûrement, sinon comment expliquer

le lambeau de tissu qui traîne par terre, à dix mètres de la voiture ? C'est un bas de pantalon, sans aucun doute !

Mais la voiture est vide, bien entendu, et Wolf est un héros pour rien, comme son maître. Dommage, mais... On a beau être gangster professionnel, on commet des erreurs quand on est pris de court : par exemple en rencontrant un vieux qui traîne le magot au bord d'une route alors qu'on va le chercher en douce... Pris de court, quand il faut assommer un homme alors que ça n'était pas prévu... Pris de court pour se débarrasser d'un chien bâtard hurlant à vos trousses au risque de vous faire repérer par la police.

Alors, pris de court, on oublie d'effacer toutes les empreintes. D'autant plus que le chien s'accroche à votre pantalon de gangster en gueulant dans une carrière où tout résonne à des kilomètres et que l'on a déjà perdu un temps fou à essayer de le semer : « Fous le camp ! », « Rentre chez toi ! » Coups de pied, on redémarre et ça recommence ! Une vie de chien, quoi... Pas moyen de se débarrasser de Wolf, le fichu bâtard.

C'est pourquoi les deux gangsters notoires dont les noms suivent : Frotterman et Gotterspiel, ont oublié de belles empreintes de pouce sur le volant et la poignée du coffre.

C'est pourquoi ils furent arrêtés à peine une semaine plus tard. Le troisième fut dénoncé par eux, noblesse oblige.

Frotterman avait une belle marque de dents sur le mollet gauche et Wolf l'a bien reconnu en lui montrant les dents une fois de plus. Ce chien était pourtant plus bête que son maître par définition, mais peu importe puisque le maître a touché la récompense de cinquante mille marks. De quoi trouver la vie moins saumâtre pour un moment.

Commentaires du père Rodolf dans le journal du soir :

« Si y'avait pas les bêtes, la vie serait pas drôle, vous savez... parce que les gens, moi je me suis toujours méfié ! »

Et il a bien raison, le garde forestier. Les gens abandonnent leur chien avec désinvolture au coin des bois ou le long des routes, mais on n'a jamais vu un chien en faire autant pour son maître, et c'est bien dommage parfois.

LE CADAVRE IMPROMPTU

M. L'ENTREPRENEUR des pompes funèbres se pré-
nomme Oscar. C'est son droit le plus strict. Mais
quelle sinistre plaisanterie lui ont fait là ses parents,
lesquels se nommaient déjà Oscar... M. Oscar est
donc entrepreneur des pompes funèbres à Oslo. Et
son double nom en lettres d'or sur marbre noir orne
la façade de son entreprise. *Oscar Oscar. Pompes
funèbres générales, cercueils et tous travaux funéraires... Tél. : 18-24.*

Premier tableau : « Où l'on voit de près le douloureux métier de croque-mort. »

Le téléphone sonne en effet dans le bureau de
M. Oscar :

« Monsieur Oscar ? Mademoiselle Carlsen à l'appareil... Comment allez-vous ? »

Mlle Carlsen habite l'étage au-dessus des pompes
funèbres depuis bientôt cinquante ans, et elle en a
soixante-quinze. C'est une vieille demoiselle modèle
courant, avec un chapeau rigolo sur une mine de
bénitier, gants de filoselle, et tailleur noir. Grande et
maigre, long nez, besicles, Mlle Carlsen est de caractère ce qu'elle est au physique : dépourvue du moindre humour et un tantinet acariâtre. L'influence de
ses voisins du dessous peut-être...

M. Oscar l'écoute avec compassion. C'est un
homme petit, au teint blafard et aux oreilles étrange-
ment pointues. L'habitude des condoléances et la

fréquentation lugubre de « ces messieurs de la famille » lui ont voûté les épaules et éteint le regard...

« Je vais bien, mademoiselle Carlsen... Qu'y a-t-il pour votre service ?

— Eh bien, voilà, j'ai chez moi quelqu'un qui a besoin de vous, je vous le passe. »

M. Oscar Oscar enregistre donc une commande par téléphone. C'est un homme qui dit s'appeler Brikeim et dont la voix paraît chagrine. Il y a de quoi :

« Mes parents se sont tués dans un accident de voiture en Angleterre. J'ai fait transporter les corps, ils arriveront demain matin par bateau. Je désirerais que vous vous chargiez des formalités et des obsèques...

— Mais certainement, monsieur, mes condoléances, monsieur... Pardonnez-moi de vous ennuyer avec des questions matérielles, mais quelle somme désirez-vous consacrer aux obsèques de vos chers parents ?...

— Eh bien, je l'ignore, je suppose que vous avez des tarifs ?

— Oui, bien sûr, cher monsieur, mais nous avons beaucoup de tarifs... Désirez-vous des cercueils en bois ou en acier ? Avec ou sans poignées de bronze, capitonnés ou non ? Avec Christ ou initiales ?

— Euh... quelque chose de correct...

— Peut-être pourriez-vous examiner nos catalogues ?

— Oh ! non, je suis trop bouleversé et j'ai tant de choses à faire. Ecoutez, faites pour le mieux, je vous fais confiance... J'aimais beaucoup mes parents, vous comprenez...

— Bien sûr, monsieur, mes condoléances, monsieur, faites-moi confiance, je me charge de tout. Et pour le cimetière ?

— Je vous l'indiquerai demain, je viendrai vous voir tôt. Tout cela a été si brutal, vous comprenez...

– Bien entendu, monsieur, à votre service, monsieur... et pour la facture ?

– Soyez aimable de l'adresser chez Mlle Carlsen, je réglerai demain. »

M. Oscar Oscar se répand en salutations attristées, et raccroche.

Cette fin de journée s'annonce bien. Il va pouvoir placer ses deux plus beaux produits : chêne verni, poignées de bronze, avec Christ sur le dessus et capitonnage à l'intérieur : la Rolls des cercueils, au prix imbattable, selon catalogue, de sept mille sept cents krones, une affaire.

M. Oscar ferme boutique, car il est dix-neuf heures. Comme chaque soir, les employés le saluent. Le rideau de fer tombe avec un bruit d'enfer, tandis que M. Oscar s'entretient une minute avec son préparateur en chef, l'homme chargé des soins et de la décoration. Car il veut améliorer sa facture au maximum. Les deux hommes se donnent rendez-vous de bonne heure le lendemain matin pour accueillir le client, et s'en vont.

Sur le trottoir, ils croisent un homme vêtu de noir des pieds à la tête et, par réflexe professionnel, M. Oscar salue bas, son chapeau sur le cœur. L'homme fait un vague signe et disparaît.

Deuxième tableau : « Où l'on voit la différence entre un cadavre monnayable à merci, et un cadavre sans portefeuille. »

Le rideau de fer de l'entreprise Oscar Oscar remonte dans un bruit d'enfer. Il est sept heures du matin.

M. Oscar, toujours aussi blême, et son préparateur mal réveillé pénètrent dans le labyrinthe des corbeilles de fleurs, vases funéraires et couronnes en plastique.

M. Oscar fait remarquer avec aigreur que la femme de ménage n'a pas fait son travail ce matin. Il est impensable de présenter au client des garnitures de tombes couvertes de poussière ! Le préparateur fait remarquer avec la même aigreur que la femme de ménage ne vient qu'un jour sur deux, pour raisons d'économie, et la discussion s'arrête là.

Les deux hommes pénètrent maintenant dans l'arrière-boutique. Une sorte de vaste hangar. où sont exposés les cercueils de tous genres, tous prix et toutes dimensions. Il y a même un rayon consacré aux animaux de compagnie : chiens, chats, perroquets, singes, etc., le catalogue n'est pas limitatif. Sur ledit catalogue en couleurs et papier glacé, M. Oscar s'engage à exécuter toute commande particulière : chevaux, lions; il fait tout, sauf l'éléphant. Quoique, si l'on y mettait le prix...

Les deux hommes franchissent les rangées de cercueils ordinaires, sapin, hêtre et autres cache-misère sans intérêt, destinés aux enterrements municipaux, pour aborder les choses sérieuses, celles qui n'ont plus rien à voir avec les quatre planches mais font appel aux dons de l'artiste.

Et c'est là, dans l'allée principale, entre les urnes de grès noir et les cercueils de luxe, que M. Oscar est pris de hoquet. Il en faut beaucoup pour surprendre l'entrepreneur, pour le rendre plus blême qu'il n'est, car Dieu sait qu'il a l'habitude des cadavres. Mais que diable fait celui-ci en travers de sa route ?

M. Oscar a l'habitude qu'on lui présente des cadavres, c'est une question de principe et de politesse dans son métier, où la politesse d'ailleurs est la base de tout. Or, voici qu'il bute sur un cadavre inconnu et qui, circonstance aggravante, n'a pas l'attitude normale qui convient à un cadavre bien élevé. Celui-ci gît en désordre, de travers, étalé n'importe comment, face contre terre et les membres éparpillés.

C'est un scandale ! Et si l'employé n'était pas là, M. Oscar s'enfuirait. Il prendrait ses jambes à son cou, car il a peur. Eh oui, il y a cadavre et cadavre ! Il y a le résigné entouré de pleurs et de fleurs, et l'autre : l'impromptu, le surprenant, le vrai cadavre en somme, celui que l'on découvre brutalement et qui vous flanque une trouille bleue !

« Peter, qui est-ce ?... Qu'est-ce que c'est ?...

– Un cadavre, monsieur.

– Vous êtes sûr, Peter ?

– Il est raide, monsieur, cela se voit au premier coup d'œil...

– Peter, examinez-le, je vous prie...

– Oui, monsieur ! C'est une femme, monsieur...

– J'ai vu, Peter, mais qui est-ce ? Retournez-la !

– Oui, monsieur, voilà... »

M. Oscar recule, frappé d'effroi :

« Peter... Mais c'est Mlle Carlsen !

– Oui, monsieur, je le crains.

– Elle... elle est vraiment morte ?

– Oui, monsieur, étranglée.

– C'est abominable ! Il faut prévenir la police, Peter. Ce cadavre n'est pas à nous !

– Oui, monsieur. Est-ce que je dois prévoir un cercueil, monsieur ?

– Ne dites pas de bêtises. Mlle Carlsen ne nous a rien commandé pour elle ! Prévenez la police et ne touchez à rien surtout... Mon Dieu, quelle histoire ! Surtout ne laissez pas entrer les clients, Peter, et soyez discret. Nous n'avons pas besoin de cette publicité scandaleuse.

– Bien, monsieur », a répondu Peter avant d'aller s'expliquer avec la police...

Donc, l'entreprise Oscar Oscar, funéraire en tout genre, est à la tête d'un cadavre que personne n'a invité, ce 15 mai 1956 à Oslo. Le policier chargé de l'enquête, une sorte de Maigret norvégien, placide et méthodique, fait rapidement le tour des possibilités. Mlle Carlsen n'avait pas de famille, donc pas d'ennemis, et personne ne lui en connaissait d'autres. L'individu qui a téléphoné la veille à M. Oscar depuis chez elle devait pourtant la connaître. Une rapide enquête démontre qu'il a donné un faux nom, car il n'y a pas plus de cadavre sur le bateau indiqué que de Brikeim dans le bottin. D'ailleurs, l'homme ne s'est pas présenté pour l'exécution de sa soi-disant commande...

Le policier en déduit qu'il s'agit de l'assassin. Un assassin drôlement culotté qui se permet des plaisanteries de mauvais goût. A-t-on idée de commander d'avance deux cercueils pour un futur cadavre que l'on s'apprête à étrangler, et ce devant le futur cadavre en question ? A-t-on idée d'en commander deux d'ailleurs, alors qu'il n'y aura qu'un cadavre ! M. Oscar est outré :

« Sa voix était bizarre, commissaire, il avait un léger accent...

— Et il vous a dit qu'il faisait venir ses parents d'Angleterre ? Son accent n'était pas celui d'un Anglais par hasard ?

— C'est possible. D'ailleurs, je l'ai peut-être croisé hier soir, vers dix-neuf heures, en fermant la boutique, environ un quart d'heure après le coup de téléphone.

— Vous pourriez le décrire ?

— Bien sûr, commissaire, nous sommes physionomistes dans notre métier, c'est normal, il faut savoir reconnaître qui est qui dans un enterrement si l'on ne veut pas commettre d'impairs.

— C'est juste. Alors ?

— Il portait un pardessus noir à revers de velours, une chemise blanche, une cravate noire et un costume gris foncé. Ses chaussures étaient bien cirées, des bottillons de cuir noir, un chapeau de feutre...

— Le visage ?

— Un front haut et bombé, des yeux clairs, une légère moustache sur la lèvre supérieure, un nez court et des cheveux rasés sur la nuque... Environ soixante ans, l'air d'un retraité et célibataire.

— Pourquoi célibataire ?

— Pas d'alliance, monsieur, je l'ai remarqué; c'est une question d'habitude... »

M. Oscar est un vrai professionnel ! Le policier en a l'œil respectueux :

« Bon. Il était donc dix-neuf heures... Le médecin légiste estime que la mort remonte à une douzaine d'heures environ. Vous l'avez découverte à sept heures du matin, ça colle. Le crime a eu lieu aux environs de dix-neuf heures. D'autre part, il n'y a pas d'effraction, elle a donc ouvert sa porte à l'assassin. Il vous a téléphoné, il l'a étranglée, il a transporté le corps dans l'escalier, et a pénétré dans votre hangar par une porte commune à l'immeuble. C'est la seule qui a été forcée. C'est simple. »

M. Oscar n'est pas de cet avis.

« Mais pourquoi étrangler Mlle Carlsen ? Elle n'a pas d'argent ! Et pourquoi la déposer chez moi ?

– Peut-être pour que vous l'enterriez, monsieur Oscar, après tout, c'est votre métier.

– Mais non, ah ! non, je ne peux pas m'en charger, je n'ai pas de commande, et qui va payer ?

– La ville, monsieur Oscar, comme d'habitude. C'est moi qui passe la commande ! »

Et Mlle Carlsen se retrouve, bien entendu, dans le premier rang des cercueils, entre quatre planches de sapin, sans Christ et sans poignées de bronze. Pauvre Mlle Carlsen !

Bien entendu aussi, le commissaire a fait prévenir les aéroports et les frontières, et notamment, il s'est intéressé à un vol à destination de Londres. Le seul parti d'Oslo depuis le crime, le jour même à treize heures trente. L'arrivée est prévue à Londres vers seize heures...

C'est une idée comme une autre. L'assassin a un petit accent, il a parlé d'Angleterre, peut-être a-t-il pris ce vol pour rentrer chez lui incognito, s'il est anglais.

Le commissaire a donc averti l'aéroport de Londres et à la descente du vol en provenance d'Oslo, un policier en imperméable scrute les passagers masculins avec attention. Il est là l'homme en noir, au front haut et bombé, au nez court et à la fine moustache. Il descend tranquillement l'échelle, une petite serviette à la main. On le conduit dans les locaux de l'aéroport réservés à la police et on l'interroge.

« Votre nom ? Age, profession ?

— Ivar Alfheim... soixante-deux ans, retraité.

— Vous avez quitté Londres il y a trois jours pour vous rendre à Oslo, pour quoi faire ?

— Un voyage d'agrément...

— Où êtes-vous descendu ?

— A l'hôtel de l'aéroport.

— Que faisiez-vous le soir du 15 mai, entre dix-huit et dix-neuf heures ?

— J'étais chez une dame.

— Mlle Carlsen ?

— C'est cela.

— Vous la connaissez ?

— Pas du tout, je l'ai vue ce jour-là pour la première fois.

— Qu'alliez-vous faire chez elle ?

— La tuer...

— Pourquoi ?

— Pour qu'elle soit morte et qu'on l'enterre...

— Vous êtes fou ?

— Non. C'est une idée que j'ai depuis longtemps. C'est un peu délicat à vous expliquer, voyez-vous...

— Bon. Reprenons depuis le début. Comment êtes-vous entré ?

— J'ai sonné. Elle m'a ouvert, je me suis présenté et j'ai demandé si j'étais bien aux pompes funèbres. Elle m'a dit : « Non, c'est au rez-de-chaussée. » Alors j'ai dit : « Excusez-moi, je suis un peu fatigué « et je pensais que les bureaux étaient ici. »

— Elle ne s'est pas méfiée ?

— Non. J'étais en deuil, cela se voyait au premier coup d'œil... Alors, je lui ai raconté que mes parents étaient morts dans un accident de la route et que leurs dépouilles arrivaient le lendemain par bateau. Elle m'a fait ses condoléances. C'était une demoiselle très bien élevée. Je lui ai demandé la permission de téléphoner de chez elle, car j'étais bien fatigué et elle a fait le numéro des pompes funèbres. Quand elle a eu raccroché, je l'ai étranglée. Cela n'a pas pris trop de temps... Ensuite, j'ai transporté le corps au rez-de-chaussée. Je voulais un cercueil pour elle, mais il y en avait tant, et je ne connaissais pas ses goûts au fond. Alors, je l'ai laissée par terre. Je me suis dit que M. Oscar ferait cela bien mieux que moi, il a l'air si compétent. Et puis je suis sorti, j'ai passé la nuit à l'hôtel et repris l'avion. Voilà...

– Mais pourquoi ? Pourquoi êtes-vous allé tuer quelqu'un que vous ne connaissiez pas ? Vous n'avez rien volé ?

– Non.

– Alors pourquoi ?

– Vous ne comprendriez pas. C'est dommage que vous m'ayez retrouvé, j'espérais vivre tranquille maintenant... C'est dommage, oui. Vous allez me mettre en prison ?

– Bien entendu ! Et pour un moment, croyez-moi !

– Pourrais-je assister au moins à l'enterrement ?

– Mais ça va pas ? Vous êtes sûr que vous êtes normal ?...

– Mais oui, monsieur, j'ai fait ce qu'il fallait pour être comme tout le monde, et c'est vous qui gâchez tout ! Vous comprenez, je suis orphelin de naissance, j'ai été élevé par l'Assistance, je n'ai aucune famille, je n'ai ni femme ni enfant. Je n'ai jamais enterré personne de ma vie. Or tout le monde a quelqu'un à enterrer un jour ou l'autre, n'est-ce pas ? Moi, je n'avais aucun espoir. Alors j'ai tué quelqu'un pour l'enterrer, et j'ai choisi quelqu'un qui habitait près de pompes funèbres pour que ce soit plus facile. »

Le policier est vraiment pétrifié. De toute sa carrière, il n'a jamais entendu pareils aveux !

« Mais pourquoi à Oslo ?

– Mon Dieu, je pensais qu'on ne me retrouverait pas. Dans mon quartier, et même ici à Londres, c'était risqué, voyez-vous... Car je voulais rester libre, pour pouvoir rendre visite à la tombe de temps en temps... Vous comprenez ? Sinon, ce n'était pas la peine de tuer quelqu'un. »

Ivar Alfheim, il faut ajouter, était lui-même fossoyeur en retraite. Durant quarante ans, il avait œuvré dans un cimetière de Londres et fait des trous, encore des trous pour enterrer les morts des autres...

Arrivé à l'âge de la retraite, il voulait le sien... Bien sûr, il était un peu fou tout de même. Et, du fond de sa prison norvégienne, condamné à vie après son extradition et son procès, il a fait une demande à l'administration. Il voulait faire envoyer des fleurs sur la tombe de Mlle Carlsen chaque 15 mai, anniversaire de son assassinat. Ce qui lui fut refusé, l'administration estimant qu'il ne s'agissait pas là d'une attitude de remords mais d'amoralité totale. Comme quoi, le crime ne profite vraiment jamais !

UN AN ET SEPT JOURS

Madame Frida Maechtel est bien à plaindre. Comme toutes les femmes honnêtes lâchement abandonnées par leurs époux.

Les amateurs de « on-dit » se sont délectés pendant quelque temps de cette aventure bien banale en soi, si l'on considère que Mme Frida Maechtel n'était pas plus honnête que ça, et son mari pas plus lâche que ça.

Frida, trente ans, grande et blonde, visage sévère, a épousé il y a dix ans un voyageur de commerce, sans famille, qui l'avait séduite en lui vendant un aspirateur. A l'époque, elle était naïve, prétend-elle. Car la version du mari n'est pas la même.

Stefan, trente-cinq ans, en avait donc vingt-cinq lorsqu'il vendait des aspirateurs. Petit et brun, il arborait une moustache conquérante pour se donner du courage. C'est lui qui fut séduit par sa cliente. Et la séduction étant consommée sur place, entre deux séances de démonstration, il s'est vu accuser par la suite d'avoir involontairement fait un enfant à sa « victime ». Il fallait donc épouser, ce qu'il fit. Et il n'y eut pas d'enfant. Il n'y en eut jamais. Ce n'était qu'une manœuvre.

Voilà les « on-dit ». Ce qui n'empêche pas les mêmes de plaindre cette pauvre Frida, abandonnée lâchement par son époux après dix ans de mariage. Puisque, aussi bien, les absents ont toujours tort.

64

Stefan s'en est allé vendre ailleurs des encyclopédies, car les temps changent. Il n'a même pas demandé le divorce. Il n'a même pas dit qu'il allait chercher des allumettes. Il a écrit quelquefois pour réclamer un ou deux objets, des vêtements qu'il n'avait pas emportés ou des papiers personnels. Aux dernières nouvelles, il était en Italie, le cachet de la poste faisant foi. Puis, plus rien. Dix ans sans rien... sans même réclamer un sou du patrimoine conjugal. Certes, ledit patrimoine n'est pas énorme, mais tout de même, un bout de terrain vendu, quelques actions qui ont fructifié. Sous le régime de la communauté de biens, Stefan pourrait disposer d'environ cinq millions d'anciens francs. Il le savait en partant.

A présent, Frida s'est habituée à vivre seule et indépendante. Elle a géré le petit magot qui se monte actuellement, en 1960, à la somme rondelette de vingt millions anciens... Sans nouvelles de Stefan depuis dix ans, elle n'envisage pas plus de le revoir que de lui rendre sa part...

On sonne. Frida ouvre sa porte, en robe de chambre. Derrière elle en pyjama, son amant, un entrepreneur de travaux publics.

Frida écarquille les yeux, sa bouche s'arrondit de stupéfaction et elle recule instinctivement dans le couloir.

C'est Stefan. L'œil guilleret, les tempes un peu grises, il a perdu ses moustaches en route, mais c'est bien lui...

« Bonjour ! Ça va bien ? J'espère que je ne dérange pas... Mais ne vous gênez pas pour moi, surtout, je ne fais que passer.

— Que... Qu'est-ce... Qu'est-ce que tu veux ?

— Régler nos affaires, ma belle... J'ai un petit problème d'argent, il faut qu'on en parle. Tu peux me loger un jour ou deux ? Parfait. Eh bien, je vous laisse vous réveiller, et je vais chercher des croissants. A tout à l'heure ! »

C'est la panique. Et il faut toujours organiser la panique. Frida est une bonne organisatrice; elle se tourne vers son amant et prend la direction des opérations :

« Habille-toi, Karl, et fais comme si tu n'étais là que par hasard. C'est mon mari. Il vient pour divorcer ou pour réclamer sa part de l'argent mais il n'en est pas question. Laisse-moi faire. Dis à la bonne de servir le petit déjeuner et de ne pas ouvrir si on sonne. Je m'en charge. Inutile qu'elle se mêle de tout ça, le quartier serait au courant dans l'heure qui suit...

— Mais c'est ton mari...

— Et alors ?

— S'il demande le divorce et s'il veut son argent, tu ne pourras pas faire grand-chose... Il y a droit.

— C'est à voir. Et ne t'occupe pas de ça pour l'instant.

— Frida, tu m'inquiètes !

— Laisse-moi tranquille et occupe-toi de la bonne. Je veux qu'on la voie ici le moins possible. Si elle pose des questions, envoie-la faire des courses... Trouve quelque chose, je vais m'habiller. »

Pendant que son épouse organise son plan de défense, Stefan entre en sifflotant à la boulangerie du coin :

« Tiens, monsieur Maechtel ! Ça alors ! Depuis le temps qu'on ne vous a pas vu ! En voilà une surprise ! Vous étiez en voyage ?

— Eh oui, en Italie... et j'y retourne. Il y fait meilleur que chez nous, en Allemagne ! »

Stefan achète des croissants, plaisante encore quelques minutes avec la boulangère, ce qui permet à cette dernière d'apprendre plusieurs choses. Tout d'abord que M. Maechtel a voyagé de nuit, en train, et qu'il est bien content de prendre le petit déjeuner avec sa femme...

Ensuite, qu'il est de passage pour une semaine, juste le temps de régler ses affaires... Et enfin, qu'il a beaucoup changé en dix ans. Ceci est une remarque personnelle de la boulangère. Elle trouve que M. Maechtel est plus gai, plus avenant, il a un peu grossi, rasé sa moustache et cela, ma foi, ne lui va pas si mal...

Stefan remonte chez sa femme, avec sa provision de croissants, et croise encore une voisine dans l'escalier.

« Ça alors ! Monsieur Maechtel ! Vous êtes de retour ?

– Pour quelques jours seulement, un petit voyage d'affaires ! Bien le bonjour à votre époux, madame Stein ! »

Et Mme Stein rapporte le bonjour à son époux, assorti de quelques commentaires sur le retour du mari prodigue.

« Il a une mine ! Pour un homme de quarante-cinq ans, il grimpe les escaliers quatre à quatre ! Ça lui a fait du bien de quitter sa Frida. C'est elle qui l'étouffait. »

Les gens sont comme ça. Stefan est de retour, fringant, il n'est plus le triste lâche qu'il était. On a oublié le pourquoi des choses, et entre-temps, cette Frida qui a un amant n'est plus à plaindre du tout.

Frida s'est habillée. C'est-à-dire plus exactement qu'elle a organisé son déshabillé, mis à la porte son amant, envoyé la bonne faire une course inutile à l'autre bout de la ville et qu'elle attend son mari de pied ferme.

Elle a décidé de manœuvrer à l'instinct. Du charme pour commencer, ensuite de l'improvisation.

Mais le charme de Frida ne semble pas décisif. Si l'on en croit la bonne revenue deux heures plus tard, madame est furieuse, dans un vaporeux déshabillé de satin rose, et le mari ronfle avec bonhomie dans l'ex-chambre conjugale qu'il a investie sans complexe.

« Oh ! fait la bonne en entrant pour y faire le lit, ça alors ! C'est monsieur... »

Elle l'a reconnu. Elle se retire sur la pointe des pieds et va aux nouvelles auprès de sa maîtresse :

« Madame ? C'est monsieur... Qu'est-ce que vous allez faire ?

— Ça me regarde.

— Il est là pour longtemps ?

— Non. Il part cette nuit.

— Ah ! bon... Qu'est-ce que je fais à dîner ?

— Rien. Je te donne ta journée et ta soirée... File ! »

Et Frida reste seule avec son époux voyageur. Aucun témoin ne pourra raconter leur journée, ni leur soirée. Un drôle de mystère commence, une sorte de vaudeville macabre, unique en son genre.

Les on-dit vont à nouveau bon train dans l'entourage de Frida Maechtel, durant les jours qui suivent.

C'est la bonne tout d'abord qui en parle à la boulangère, laquelle lui en a parlé la première.

« Alors, il est reparti ? Je croyais qu'il était là pour une semaine ?

— Il paraît que non. Et si vous voulez mon avis, c'est bizarre.

— Qu'est-ce qu'il y a de bizarre ? Racontez-moi ça...

— Eh bien, voilà, elle m'a donné ma journée et même ma soirée... Quand je suis partie, il dormait tout habillé sur le lit, il avait juste enlevé le dessus de lit...

— C'est normal, il avait voyagé toute la nuit, il était fatigué.

— D'accord, mais le lendemain matin, je me suis levée avant eux et j'ai jeté un coup d'œil dans la chambre... Eh ben, c'était pas normal...

— Qu'est-ce que vous avez vu ?

— Personne. Madame avait dormi dans le salon. Et lui, il avait disparu. Mais j'ai regardé dans un placard et j'ai vu sa valise.

— Il l'a peut-être laissée exprès !

— Peut-être, mais moi, je dis que c'est bizarre. Et

puis il y a autre chose, on avait changé les draps du lit.

— Ah ! bon ?

— J'en suis sûre. C'est moi qui les avais mis propres la veille.

— Mme Frida les a sûrement changés après son départ, elle ne voulait pas dormir dedans, après lui...

— Possible. Sauf deux choses : j'ai retrouvé les draps tout lavés dans la machine... avec des taches bizarres. Et elle a pas voulu que j'y touche. Je ne sais même pas ce qu'elle en a fait...

— Ah !... Oui, c'est drôle... et la deuxième chose ?

— Y avait ses chaussures dans la cave, derrière un tas de bouteilles.

— Vous êtes sûre ?

— Des chaussures extra ! Italiennes, en cuir jaune ! Vous pensez si je les ai reconnues, il les avait encore aux pieds pendant qu'il dormait ! Et le plus grave, c'est qu'il y avait des taches de sang sur le cuir...

— Non !

— Si ! Comme je vous le dis ! Pour moi, elle l'a tué, ça ne fait pas un pli. D'autant plus qu'il voulait sûrement lui réclamer de l'argent...

— Mais il faut prévenir la police !

— Ben, c'est pas facile ! Elle m'a dit de ne pas m'occuper de ça, que M. Stefan était reparti, qu'il ne reviendrait sûrement plus parce qu'elle n'avait pas voulu de lui. Pour moi, c'est plutôt le contraire, mais si jamais elle sait que je vous ai raconté tout ça, elle est capable de me tuer aussi... »

Trois jours plus tard, la voisine, Mme Stein, chuchote avec la bonne sur le palier du troisième :

« Moi, je suis de votre avis, elle l'a tué, c'est sûr... J'ai entendu un drôle de bruit dans la nuit. C'était dans l'escalier, elle l'a peut-être enterré à la cave ? A votre place, j'irais voir...

— J'ai peur, madame Stein, elle est terrible, vous savez... Tenez, elle a dit à son amant de s'en aller et de lui ficher la paix. Il avait simplement demandé si elle avait des nouvelles du mari, le pauvre homme ! Et depuis, il n'est pas revenu...

– Attendons qu'elle sorte et allons faire un petit tour à la cave. S'il y a quelque chose de bizarre, j'irai à la police avec vous... »

En effet, il y a quelque chose de bizarre à la cave, selon Mme Stein et la bonne. Et le soir même, c'est-à-dire une semaine après la disparition de Stefan, les voilà toutes deux au commissariat de police, tremblantes d'excitation et racontant leur histoire...

« Alors, en fin de compte, on est allé à la cave et on a vu que les chaussures avaient disparu. Et puis aussi, une drôle de chose par terre. Comme une tombe. Ça fait un rectangle pas plus grand qu'un homme. On a eu peur qu'il soit dessous et on s'est sauvé pour vous prévenir... »

Le lendemain matin, Frida ouvre sa porte à un inspecteur de police, regarde sa carte et demande d'une voix glaciale :

« C'est pour quoi ?

– A propos de la disparition de votre mari, madame. Je suis chargé d'une enquête de routine...

– Quelle disparition ? Mon mari n'a pas disparu, il est parti !

– Des témoins affirment qu'il a réellement disparu, madame, et dans des conditions étranges. Je dois vous interroger. »

Frida le prend de haut, de très haut. Si elle panique, et elle doit paniquer, elle organise une fois de plus...

La soupçonner d'assassinat ? Elle ? Alors que son mari a disparu dix ans sans donner de nouvelles ? Elle l'a mis à la porte tout simplement et il a compris ! S'il veut divorcer, qu'il divorce ! Il voulait s'incruster ici, lui reprocher sa vie privée, et puis quoi encore ? Ah ! non. Il a fait sa valise et il est parti !

« Eh bien, justement, madame, à propos de valise... et il y a aussi les chaussures... Bref, je voudrais visiter la cave. »

Dans la cave, effectivement, on voit nettement sur le sol noirâtre le dessin d'un rectangle qui pourrait être une tombe... Et, soutenues par la présence du policier, la bonne, la voisine et la boulangère témoignent avec autorité...

Alors, on creuse. Et on ne trouve qu'une dalle de ciment qui a l'air bien vieille. On fait sauter la dalle et on ne trouve qu'un vague petit ruisseau souterrain qui affleure un peu trop à cet endroit-là. D'ailleurs, le propriétaire de l'immeuble confirmera qu'il a lui-même fait exécuter ces travaux, il y a plusieurs années, pour éviter les inondations à cet endroit, en cas de pluie...

Il n'y a ni valise ni chaussures tachées de sang. Les draps ont été lavés, comme il est normal de laver les draps après le passage d'un visiteur. Et il ne reste plus qu'un conflit ridicule entre Mme Maechtel et sa bonne. L'une affirmant que les draps sont pliés dans le placard à linge, l'autre affirmant qu'il ne s'agit pas des mêmes.

Que faire ? On n'inculpe pas une épouse sur une histoire de draps ! Et pourtant, la police a tendance à croire les témoins, car il y en a d'autres : quelqu'un prétend avoir vu Mme Maechtel ranger sa voiture au garage, vers quatre heures du matin. Où était-elle allée ?

« Raccompagner mon mari à la gare », affirme-t-elle.

Mais il n'y avait pas de train pour l'Italie à cette heure-là... Elle s'en moque, elle l'a laissé dans le hall...

Mais personne ne l'a vu, ni remarqué et il n'a pas acheté de billet, le guichetier est formel.

Alors, c'est qu'il a pris un autre train, le lendemain ou les jours suivants !

Stefan Maechtel, âgé de quarante-cinq ans, taille : un mètre soixante-dix, brun, yeux foncés, avec ou sans moustache, est recherché en Italie, mais autant chercher une aiguille dans une botte de foin. Un homme qui n'a pas de casier judiciaire, dont on ne sait pas l'adresse, ni le métier, ni dans quelle ville il a résidé...

Les semaines, les mois passent, un an et sept jours passent... C'est drôle, un an et sept jours. Cela ressemble à une date fatidique, comme pour les objets trouvés : « Si vous trouvez un mari que personne ne réclame, au bout d'un an et sept jours, il vous appartiendra. »

On sonne. Frida ouvre la porte en robe de chambre. Derrière elle, en pyjama, son nouvel amant, un directeur de banque.

Frida écarquille les yeux, sa bouche s'arrondit de stupéfaction, elle veut reculer dans le couloir... elle ne peut pas. La tête lui tourne et elle s'écroule, évanouie.

« Bonjour ! »

C'est Stefan, l'œil étonné par cet accueil. Il a sa petite moustache, mais pas l'air fringant du tout... Plutôt gêné, il s'excuse auprès de l'homme en pyjama :

« Pardonnez-moi, je n'aurais pas dû la surprendre ainsi... Après si longtemps, c'est normal. J'aurais dû écrire d'abord...

— Qui êtes-vous, monsieur ?

— Son mari, monsieur. Enfin, son ex-mari. Il y a des années que nous nous sommes quittés. Je ne venais qu'en visite, mais je reviendrai une autre fois... »

C'est le moment choisi par la bonne pour faire son apparition et hurler :

« Au secours ! Un fantôme... »

Cavalcade dans l'escalier, Mme Stein apprend la nouvelle au passage et téléphone à la police à tout hasard, si bien que vingt minutes plus tard, Frida ouvre les yeux sous les claques d'un agent de police et se met à hurler comme une hystérique... Elle aussi a vu un fantôme, c'est évident...

« Va-t'en... Va-t'en ! Je deviens folle, au secours,

c'est lui! Au secours! Je vous en supplie, qu'il s'en aille, ce n'est pas possible, il est mort, je l'ai tué, il est mort! Au secours! »

Il est mort? Alors, que fait-il là?

Pour pouvoir examiner calmement la question, il faut calmer Frida. Une piqûre s'en charge.

Puis l'inspecteur de police prend le fantôme à part :

« Vous êtes bien M. Stefan Maechtel?

— Voici mes papiers.

— Qu'est-ce que vous faites là? Votre femme vient de dire qu'elle vous a tué!

— Elle est folle.

— Ça m'en a tout l'air, mais que s'est-il passé la dernière fois?

— Quelle dernière fois?

— Quand vous êtes venu la voir, il y a un an environ...

— Mais je ne suis pas venu la voir. Je ne suis pas revenu en Allemagne depuis des années...

— Mais on vous a vu. La bonne vous a vu, la voisine, la boulangère et un autre homme, l'amant de votre femme à cette époque, ils étaient formels... Vous êtes arrivé un matin, comme ça, à l'improviste, et vous êtes allé chercher des croissants. Vous avez dormi là, vous deviez rester une semaine et le lendemain, vous aviez disparu. On vous a cherché partout, on vous cherche encore... Votre femme a été soupçonnée de meurtre! »

Stefan Maechtel ouvre la bouche pour protester, puis la referme et s'assoit sur une chaise. Il secoue la tête comme s'il devenait fou à son tour, et enfin s'écrie :

« Oh! la garce! Elle l'a tué! »

Il fallait bien mettre tout ça sur la table et trier. Un imbroglio pareil demandait réflexion...

L'affaire était simple, en fait... Stefan quitte son épouse un beau jour parce qu'il en a assez. Il veut voir du pays, respirer, mais il a l'intention de revenir après quelque temps.

Le voilà qui s'installe à Berlin, la ville où il est né. Un jour, il a besoin d'un extrait de naissance pour trouver une place d'employé dans l'administration. Et là, il se rappelle qu'il a été élevé par l'Assistance publique, que sa famille a disparu, qu'il est seul, que le nom qu'il porte est un nom d'occasion. Alors, il fait des recherches, c'est facile pour un employé d'administration.

Il suit à la trace l'histoire de son enfance et découvre bientôt une chose extraordinaire. Il aurait un frère. L'administration les a séparés. Retrouver la trace de ce frère lui prend six mois. Il est en Italie. Stefan quitte Berlin, son travail et court à la recherche de ce frère.

La surprise est de taille. Il s'appelle Josef et il est son frère jumeau. C'est lui, à quelques nuances près. En plus gai, en plus drôle, en plus malin. Stefan et Josef se racontent leurs vies. Josef trouve que son frère a été stupide de laisser tout cet argent à sa femme. Mais Stefan dit qu'il s'en moque pour l'instant, et les années passent.

Stefan rencontre une femme, en tombe amoureux, ils ont des enfants, la vie s'écoule tranquillement jusqu'au jour où le petit magasin qu'ils tenaient tous les deux fait faillite.

Alors, Josef dit à Stefan :

« Tu devrais aller réclamer ton argent à ta femme, c'est le moment... »

Mais Stefan hésite. Il a trouvé un nouveau bonheur, choisi par lui, il n'a guère envie de retourner en Allemagne à la recherche d'un magot hypothétique... D'autre part, il connaît suffisamment son ex-femme pour savoir qu'elle ne cédera pas facilement.

Pourtant ces derniers jours, il se décide : sa situation financière est vraiment catastrophique, un de ses enfants est malade. Alors il est venu frapper à la porte de Frida, sans savoir qu'un autre l'avait déjà fait à sa place. Et était mort à sa place. Pauvre Josef! C'était donc pour cela qu'il ne donnait plus de nouvelles...

Au procès qui mit fin à cette histoire de fous, Frida déclara que Josef l'avait menacée, en se faisant passer pour son mari... Il voulait l'argent tout de suite. Alors elle l'avait tué au couteau, pendant qu'il dormait, transporté dans sa voiture et jeté dans un étang à vingt kilomètres de la ville avec des kilos de pierres au cou. Elle était tranquille : l'étang appartenait à l'un de ses nombreux amants, lequel n'y mettait jamais les pieds, et le terrain était invendable.

On a retrouvé les restes de Josef — peu de chose — et Stefan a enterré son jumeau. Frida est en prison à vie, mais depuis son crime, elle n'a plus toute sa tête : voir le fantôme d'un homme que l'on a soi-même assassiné, un an et sept jours auparavant, il y a de quoi frapper.

Elle a eu peur et elle a encore peur, elle le voit toutes les nuits en cauchemar, hurle comme une possédée du diable et ses compagnes de cellule lui tapent dessus pour la faire taire. Quelle horreur !

LA PEAU DE L'OURS

DEUX hommes, deux amis en principe, deux trappeurs marchant dans les collines du Dakota. Ils cherchent à tuer un ours, un bel ours noir, mais à le tuer proprement car un marchand de Kiowa leur a promis énormément d'argent pour cela, et les deux hommes ont terriblement besoin d'argent.

L'ours noir est par là, quelque part dans les collines. Et lui aussi cherche une proie, car il a terriblement besoin de manger.

C'est pourquoi les deux hommes ne vont pas le chercher longtemps. En somme, ils ont vendu la peau de l'ours avant de l'avoir tué, et jamais dicton ne fut plus vrai.

L'ours noir, en principe, n'est pas carnivore, sauf s'il est affamé, auquel cas il pourra tuer pour se nourrir. C'est une question de vie ou de mort, pour lui. Mais il ne s'attaque finalement pas à l'homme, du moins de sa propre initiative. Par contre, l'homme s'attaque à lui.

Mais l'homme est stupide, il s'attaque à n'importe quoi, avec une prétention qui frise l'inconscience.

Les deux hommes qui marchent dans les collines s'appellent Hugues Glan et Dave Colbeck. Ce sont deux trappeurs professionnels, c'est-à-dire qu'ils font commerce de leurs fourrures. Castors, marmottes et écureuils, même, sont leurs victimes habituelles.

Ils ne vont chercher l'ours que sur commande spéciale, car la chasse à l'ours n'est pas une mince expédition dans les collines du Dakota. Il faut parfois plusieurs semaines, et marcher longtemps. D'abord, repérer le territoire de l'animal et, si possible, le piéger avec de la nouriture. Une boîte de miel fait l'affaire. Le pot de miel est agrémenté d'un poison violent car cette méthode a l'avantage de ne pas abîmer la peau de l'animal.

Elle est cependant longue et aléatoire. Il faut guetter des jours entiers ou rabattre l'animal vers le piège.

Hugues préfère la carabine. Excellent tireur, il vise l'animal à l'oreille, toujours pour ne pas abîmer la fourrure.

Dave est partisan du piège relié à une bûche ou à un poids de fonte. Ensuite, il fonce sur l'animal, couteau dressé, pour lui trancher la carotide. Mais c'est là un exploit dangereux à renouveler. Car l'animal, s'il n'est que blessé, devient fou furieux et l'homme n'a pas toujours le dessus.

Pour cette chasse, les deux trappeurs ont établi un camp dans une petite vallée et pisté l'ours dans un rayon de cinq kilomètres environ.

Depuis une semaine. Ils ont vu ses traces, ils ont préparé un piège avec du miel empoisonné au pied d'un arbre, mais l'ours ne s'y est pas présenté. Lassé d'attendre, Hugues et Dave ont décidé de le traquer le plus près possible de sa tanière. Et il semble que sa tanière soit cette espèce de cavité rocheuse qu'ils ont enfin repérée et guettent depuis le matin. Mais l'ours n'est pas matinal, ou alors il est déjà parti en quête de nourriture.

Jamais les deux hommes n'auraient pensé se laisser surprendre aussi stupidement et par-derrière.

Un craquement dans les arbres, un buisson qui

s'écarte, et l'ours est dans leur dos, à dix mètres. Surpris, Hugues se retourne, épaule sa carabine, mais la bête est protégée par le tronc d'un conifère. Il ne semble pas se soucier d'eux pour l'instant, occupé qu'il est à fouiller le sol couvert de pommes de pin. Dave tente de contourner l'animal, sa carabine à la main, son couteau à la ceinture.

A l'abri d'un tronc d'arbre lui aussi, et retenant son souffle, il observe un moment le gibier. Splendide : une fourrure noire et lisse, un poil long et brillant, des taches fauves au-dessus des yeux, à la gorge et à la poitrine. Il mesure environ un mètre cinquante, c'est une bête adulte, en pleine force de l'âge.

Silencieusement, Dave fait signe à son compagnon. Il va obliger l'animal à se présenter de face, pour que Hugues puisse ajuster son tir en toute tranquillité. Il peut s'approcher, il ne risque rien puisque son compagnon le couvre.

Ce qui suit ne dure pas plus de trois minutes : Dave tire en l'air pour que l'animal se redresse, face à lui, Mais il est toujours mal placé. Alors, Dave s'avance encore un peu. L'ours avance aussi et se trouve enfin à découvert. Il regarde Dave, Dave le regarde, ils ne sont qu'à deux mètres de distance. Hugues tire juste au moment où l'ours prend son élan pour attaquer son compagnon. Mais la balle n'atteint pas l'oreille, l'ours n'est que blessé apparemment et se rue sur l'adversaire le plus proche.

C'est là que l'homme est stupide. Hugues ne veut pas tirer tout de suite une seconde fois, toujours pour la peau, pour l'argent, il guette le moment propice. Dave a sorti son couteau, c'est de la folie. La patte griffue de l'animal l'atteint au front et le déséquilibre.

Hugues n'a toujours pas tiré, il cherche l'angle et, lorsqu'il se décide, au dernier moment, la malchance s'en mêle. Il trébuche, perd du temps et l'animal s'est déjà retourné vers lui. Il court si vite que Hugues, qui tente de se mettre à l'abri, n'y arrive pas et prend lui aussi un coup de griffes furieux en pleine poitrine. Son arme vole au loin, hors de portée. L'ours s'apprête à poursuivre le combat, lorsqu'il sent l'autre danger. Dave s'est relevé, il rattrape son arme, tente maladroitement de tirer, n'importe où, n'importe comment, car il faut rester en vie, plus rien d'autre ne compte, mais il est trop tard.

Abandonnant le corps d'Hugues, l'ours fonce à nouveau sur Dave et s'acharne. Dave l'a blessé une nouvelle fois, sans autre succès que de multiplier sa rage. Il n'a plus aucune chance, son couteau ne lui sert à rien, ses mains glissent sur la fourrure soyeuse, l'haleine fétide de l'animal lui balaye le visage. L'ours le déchire comme une poupée de son. Lorsque Hugues se redresse enfin, lorsqu'il récupère sa carabine et tire comme un fou sur la bête, Dave n'entend déjà plus. L'ours s'abat sur lui dans un dernier grognement, une balle l'a enfin terrassé.

A présent, Hugues a repris ses esprits. Devant lui, il n'y a plus que deux corps. Un homme horriblement blessé et un ours massacré. L'homme et l'ours sont entremêlés dans la mort. Un gâchis sanglant.

Hugues a mal à la poitrine, il saigne, il est furieux et dépité. Et il est lâche aussi. S'il avait tiré plus tôt, Dave ne serait pas dans cet état et il aurait pu récupérer la fourrure de l'ours. Elle n'en vaut plus la peine à présent.

Trois jours plus tard, Hugues Glan a regagné Kiowa, la ville la plus proche, et chacun a entendu sa version des faits. Dave a voulu attaquer seul, Hugues a risqué sa vie pour le sauver et l'ours a tué Dave.

Lorsque lui, Hugues, s'est réveillé de son évanouissement, tout était fini. L'animal avait dû traîner ailleurs le corps de son ami, car il n'a retrouvé ni l'un ni l'autre. Les profondes blessures de sa poitrine confirment son récit et le petit journal local, dans son numéro du 24 septembre 1938, publie la photo de Hugues montrant ses blessures, avec le récit de la mort de son meilleur ami, le trappeur Dave Colbeck, bien connu dans la région.

Une semaine a passé. Pendant ce temps, à vingt-cinq kilomètres de Kiowa, dans les collines du Dakota, quelque chose a bougé... C'est Dave Colbeck. Il est vivant, une plaie vivante.

Il a mis près d'une journée à se dégager du poids de l'ours et à rouler sur le dos. Il voit le ciel, il respire péniblement et fait lentement le bilan de ses blessures. Une jambe cassée, l'autre déchirée sur toute la longueur de la cuisse. Poitrine et dos lacérés, les deux épaules en lambeaux; le visage : il ne sait pas, mais il voit clair et il entend. Il sait qu'en restant là, il sera dévoré par des bêtes. Mais il ne peut pas marcher. Après d'innombrables efforts, il arrive à se mettre à quatre pattes, plus exactement : à trois pattes – les deux paumes des mains et un genou, c'est ce qui lui reste d'intact.

Son premier objectif est d'essayer de progresser ainsi, sur deux mains et sur le genou droit. Il y arrive. Alors, il décide de tenter de retrouver leur camp. C'est la seule solution. Si Hugues est blessé, il a dû s'y réfugier.

Dave entame son chemin de croix. Trois kilomètres environ, peut-être plus, peut-être moins, il ne sait pas. Il rampe comme un automate, tout son corps déchiré de souffrance. Un genou, une main, puis l'autre. Un genou, une main puis l'autre... Parfois la tête lui tourne et une nausée le prend. Parfois il s'arrête, et couché sur le ventre, reprend lentement son souffle avec précaution, vrillé de mille points douloureux.

Et il repart. La nuit tombe. Il se perd.

Quand il arrive à l'emplacement du camp, c'est

pour le trouver vide, bien sûr. Ni chevaux, ni copain trappeur.

Transi de froid, épuisé par ce parcours de plusieurs heures, le nez au ras du sol, Dave cherche comme une bête autour du foyer de pierres les miettes de quelque chose. Les cendres sont froides, et il ne trouve qu'un vieux paquet de tabac et une lanière de cuir. Rien qui puisse lui servir à se soigner ou à manger.

Alors il s'endort d'épuisement dans la clairière. Réveillé par le soleil et la douleur, il a du mal à reprendre son chemin. Chaque pouce de sa peau le fait souffrir. Sa jambe cassée lui arrache un hurlement. A l'aide de sa ceinture et de la lanière de cuir abandonnée, il la replie et l'attache, mollet contre cuisse, pour éviter de traîner son tibia cassé.

Et c'est ainsi qu'il reprend sa marche, en direction de Kiowa, à plus de soixante kilomètres, sur trois pattes, comme un animal blessé, à travers les collines. Sans vivres. Sans soins. Une folie! Un exploit impossible.

Dave va pourtant l'accomplir en neuf semaines.

Un jour, affamé, il manque de dévorer un champignon mortel. Un autre jour, gavé de baies sauvages, il tombe malade et reste quarante-huit heures à moitié inconscient et fiévreux, persuadé qu'il va mourir. Au bord du torrent, il attend des heures une main dans l'eau glacée pour attraper une truite qu'il dévore toute crue.

Mais les jours passent et il avance toujours.

Sous l'effort, les plaies ne se referment pas et s'enveniment. Sa jambe est une bûche de bois douloureuse. Et il rampe, il rampe avec acharnement. Dave n'est plus un homme, c'est un animal qui a même mangé des fourmis à pleines mains, comme les ours qu'il chassait jadis.

Lorsqu'il est arrivé sur la route de Kiowa, il a encore rampé dans la poussière pendant plusieurs kilomètres, jusqu'à ce qu'un voyageur le découvre et le ramène en ville comme un mort-vivant aux allures de bête sauvage...

Dave Colbeck, trente-cinq ans, un mètre quatre-vingts, quatre-vingt-dix kilos, sorte de Viking blond aux yeux clairs, ne pesait plus que soixante kilos. Il n'avait plus de main, plus de genou. Sa jambe était définitivement déformée.

Il mit plus d'un an à se remettre. Beaucoup plus de temps qu'il n'en a fallu à son ami Hugues pour quitter la ville, sans chercher à le revoir.

L'ÉPOUVANTE

C'EST un fracas de ferraille et de pierres qui roulent, de tôles qui grincent, c'est le monde qui bascule, tourne sur lui-même et dégringole, on ne sait jusqu'où... jusqu'à la fin du vertige.

La voiture a dévalé cent mètres de ravin en dix secondes. L'écho de la chute a résonné longtemps, puis s'est éteint. Quelques pierres ont roulé encore un peu, avec un petit bruit ridicule. Et maintenant, c'est le silence. Plus rien ne bouge. Il fait nuit.

Ce qui s'est passé avant cela est complètement stupide. Willy et Jane, vingt-deux ans et dix-neuf ans, sont fiancés. Ils ont passé la journée au bord d'un lac, dans le Tennessee, une journée stupide.

Elle voulait se baigner, il voulait dormir. Elle voulait qu'il lui fasse la cour, il voulait pêcher en silence.

Résultat : une bouderie gigantesque pour trois poissons.

Au retour, dans la voiture, Jane s'aperçoit tout à coup qu'elle a oublié ses lunettes de soleil sur la plage. Or, Willy ne veut pas revenir en arrière pour une paire de lunettes ! Jane s'énerve, Willy aussi. Elle pleure, il la traite de dinde. Le ton monte, en même temps que la nuit descend.

La dernière phrase qu'a prononcée Willy fut : « Je me demande si on fait bien de se marier, tous les deux ? »

Juste après, il y a eu cette ombre sur la route. Une ombre à quatre pattes, dans la lueur des phares. Un chat, un chien, un lapin ?

Enervé, Willy qui conduisait trop vite, a fait ce qu'il ne faut jamais faire : il a freiné brutalement. Jane a crié, les pneus ont crissé épouvantablement... et puis le fracas et les cent mètres de ravin en dix secondes.

Jane revient à elle avec précaution. Elle ne voit rien; en tentant de redresser la tête, elle se cogne contre le pare-brise.

Elle comprend qu'elle est sur le dos, les yeux tournés vers le ciel. Elle voit même tout là-haut, sur la route de la corniche, les phares d'une voiture qui passe, au-dessus des arbres.

Une drôle de paralysie lui tient les jambes. Mais elle arrive à étendre le bras droit. Dans le noir, sa main reconnaît un tronc d'arbre rugueux qui a dû arrêter la voiture dans sa chute.

Reprenant peu à peu conscience des événements, Jane tente de se redresser complètement et veut bouger ses jambes. L'effort lui arrache un cri de douleur. Impossible de se lever. Alors, elle hurle, elle appelle au secours dans la nuit noire, jusqu'à manquer de souffle. Elle ne sait pas où est Willy, peut-être est-il parti chercher du secours ? Peut-être est-il mort quelque part à côté d'elle ? Comment savoir ? Jane crie longtemps, autant de peur que pour appeler au secours, puis se tait, épuisée, car elle a cru entendre une voix. Une voix et des pas, en tout cas, quelqu'un.

Jane se tait, puis appelle de nouveau, mais rien. Elle n'entend plus rien. Elle se rend compte alors que sa jambe droite est coincée entre le tronc d'arbre et la voiture, que la voiture s'est retournée, et qu'elle est bloquée en dessous, entre le sol et le toit de la voiture.

Le simple fait de vouloir étirer le buste pour regarder au-delà de la carrosserie lui cause une douleur épouvantable dans le dos. De plus, la voiture oscille dangereusement à la moindre poussée, comme si elle était en équilibre. Le plus petit morceau de tôle déplacé risque de la faire tomber plus bas. Jane ne peut pas savoir exactement comment est placée la voiture, ni comment elle a été éjectée; elle n'a rien compris et ne sait même pas combien de temps elle est restée évanouie, si même elle s'est évanouie. Tout ce noir est terrifiant.

D'une main tremblante, Jane parcourt son visage dans le noir, il lui semble que quelque chose coule sur son visage ou sur son front, un liquide visqueux. Jane pense que c'est du sang, mais ce n'est pas si simple. C'est du sang mélangé à de l'huile ou à de l'essence... Et elle ne sait pas d'où cela vient.

Quand son cœur a fini de battre la chamade, Jane arrive à réfléchir un peu et à se calmer.

Les secours viendront forcément, il faut attendre. Alors Jane attend le jour et s'endort, sans s'en rendre compte.

Lorsqu'elle se réveille, le soleil est haut et la chaleur tape d'une façon déjà insupportable sous la carrosserie. Mais Jane y voit mieux.

Ce qui a coulé sur elle, c'est bien l'essence du réservoir. De plus elle doit être blessée quelque part à la tête, car le sang a coulé près d'elle et s'est coagulé dans l'herbe. Elle entend le bruit d'un ruisseau dont elle aperçoit le mince filet. Mais son bras ne peut pas l'atteindre. Et chaque effort pour y arriver lui arrache des larmes. Sa jambe est écrasée par la carrosserie; l'autre, moins atteinte, lui semble pourtant comme du bois, insensible. Cette eau est un supplice, si près de sa main.

Jane a la langue et la gorge sèches. Elle appelle, mais le désespoir lui coupe la voix. Tout en haut, une rangée d'arbres cache la route. L'étroit passage où la voiture s'est engouffrée est en plein virage, personne ne s'arrêtera pour regarder en bas. Il n'y a pas de garde-fou, pas de barrière, et certainement aucune trace de l'accident. Et comme personne ne les attendait nulle part !...

Quant à Willy, Jane est persuadée qu'il est mort, non loin d'elle, sinon les secours seraient déjà là. Mais où ? A droite ? A gauche ? Devant ? Derrière ? Sur ou dans la voiture ?

Jane se tord le cou dans tous les sens, mais ne voit que quelques brins d'herbe, le petit filet d'eau inaccessible, le ciel et les arbres au-dessus d'elle. Alors, elle se dit : « Je vais mourir », et s'évanouit.

Le froid de la deuxième nuit la réveille. Jane grelotte de tout son être. Elle grelotte douloureusement, comme si chaque petit nerf de son corps participait à cette fièvre bizarre. Puis, un frôlement la fait crier de peur. Elle entend un souffle, un froissement d'herbe et elle pense immédiatement aux chats sauvages dont la région est infestée, puisque la route longe une réserve d'animaux.

Jane est une proie facile pour un chat sauvage... d'autant plus qu'elle est au bord de l'eau, là où les animaux viennent pour boire la nuit.

Alors Jane crie à nouveau, pour faire fuir l'animal qu'elle devine. Elle crie plus fort quand elle entend le bruit d'un saut sur la carrosserie et que toute la ferraille tremble et vacille. Elle fait un effort désespéré pour se redresser, mais la douleur de sa jambe droite est telle qu'elle retombe, le cœur au bord des lèvres...

Heureusement, l'animal s'est enfui. Une petite galopade dans l'herbe quelque part sur la gauche, vers la forêt sûrement, c'est ce qu'elle a cru deviner.

Le lendemain est un jour de soleil et de désespoir, où Jane rassemble les quelques forces qui lui restent pour arracher de sa main libre une touffe d'herbe qu'elle mâchonne péniblement. La soif lui serre la gorge au point de l'étouffer. Elle décide de se mettre à crier, avec des intervalles, en comptant jusqu'à dix entre chaque cri. Mais les forces lui manquent et son cri doit être ridicule, elle le sent.

Cette fois, le frôlement s'est reproduit en plein jour et Jane écarquille les yeux dans tous les sens avec terreur... Un chat sauvage ? Un autre animal ? Ou bien Willy, blessé ? L'espoir reprend, Willy s'est peut-être réveillé, Jane appelle doucement :

« Willy ? »

Jane a le temps de voir s'envoler un oiseau. C'est lui qui s'était posé dans l'herbe tout près d'elle, au bord du minuscule ruisseau. Il devait boire.

Boire... Jane regarde le mince filet d'eau scintiller au soleil. Si seulement elle pouvait y tremper le bout de ses doigts ! Mais il manque dix centimètres et il n'y a rien à faire. Sa nuque est raide, sa gorge si serrée qu'elle n'arrive même plus à avaler sa salive. Ses yeux la brûlent, quelque chose de lancinant lui vrille la hanche droite, Jane croit qu'elle appelle encore au secours mais ce n'est qu'en rêve, probablement.

Nuit, jour, soleil et froid glacial, sans manger ni boire, les heures, les jours passent sans que Jane puisse les compter. Sans référence. Le souvenir même de l'accident s'est estompé. Elle ne sait plus pourquoi elle est là, écrasée dans l'herbe, avec une carrosserie pesant sur elle à mi-corps... Sa peur est telle qu'elle s'y est habituée. Elle vit dans l'épouvante. Elle survit plutôt, elle n'a même plus mal, nulle part. Elle ne peut plus bouger du tout. Ses yeux seuls s'ouvrent encore de temps en temps, pour contempler le ciel, les arbres tout en haut sur la route, et par moments, le pinceau d'un phare quand il fait nuit. La vie est proche, mais la mort est encore plus proche. C'est le néant.

Et puis, le ronflement d'un avion s'est rapproché mais Jane ne l'a pas entendu. Le pilote d'un avion de surveillance a aperçu un reflet bizarre dans le ravin, il a fait une petite descente et vu la carcasse de la voiture dont l'un des phares brillait au soleil couchant.

Les sauveteurs sont arrivés une heure plus tard.

Quatre jours avaient passé. Quatre jours et quatre nuits. Sous la voiture, Jane était encore vivante. Une bête sauvage lui avait mordu le pied et arraché un morceau de chair sans qu'elle s'en aperçoive.

A deux mètres d'elle sur la gauche, Willy son fiancé, respirait à peine. Ses deux bras tendus, ses pieds crispés dans l'herbe montraient qu'il avait tenté de rejoindre, à plusieurs reprises, sa fiancée qui ne le voyait pas. Il avait dû essayer quelques minutes après l'accident, puis tomber dans le coma, et recommencer, mais il n'avait avancé que de quelques centimètres, sans même pouvoir parler. Un instinct seulement le poussait vers elle pour tenter de l'aider. Car il la voyait parfaitement, mais elle, elle ne pouvait pas le voir. Il ne pouvait pas parler et elle, elle hurlait. Et ils avaient passé quatre jours et quatre nuits à deux mètres l'un de l'autre, sans manger ni boire, sans se voir, sans savoir qu'ils étaient vivants. Ils ont mis des mois à guérir de cette épouvante.

Tout en haut sur la route, quatre jours et quatre nuits après l'accident, il y avait encore le cadavre d'un fox-terrier, écrasé par la voiture, et que personne n'avait remarqué, car il s'était traîné jusqu'au bord de la route pour y mourir comme un pauvre chien imprudent qu'il était.

A L'ENTERREMENT DE PAPA

Yann et Kasimir sont deux braves paysans hongrois, deux frères, pas très futés et pas très riches. En vérité, ils ont rarement la chance de voir la couleur d'un zloti. Et un zloti, pourtant, ce n'est pas grand-chose : environ cinq francs de chez nous.

Ils n'ont jamais vu de télégramme non plus.

C'est de Varsovie qu'arrive ce télégramme. Yann étant l'aîné (il a cinquante-deux ans et Kasimir quarante-neuf) lit donc le télégramme : *Monsieur Slota décédé ce jour – Hôpital Central – Attendons instructions.*

Le père est mort, il avait soixante-quinze ans. Il y a un mois environ, il est parti pour Varsovie faire soigner ce « quelque chose » qui n'allait pas. Yann et Kasimir attendaient que le père revienne. Et sans le père, les deux garçons sont perdus. C'était lui qui commandait, distribuait le travail, la nourriture et les engueulades depuis des années, depuis que la mère était morte.

C'est donc à Yann de décider ce qu'il faut faire à présent. C'est lui, l'aîné. Alors, il décide ce qu'il peut : il faut mettre les costumes du dimanche et aller à Varsovie enterrer le père.

Voilà donc nos deux gaillards dans le train. Et c'est une aventure, car ils n'ont pris le train que deux ou trois fois dans leur vie. Or, cent kilomètres en train, aller et retour, cela coûte presque tous les

zlotis que le père gardait dans le tiroir du buffet...
Vers deux heures de l'après-midi, Yann et Kasimir
arrivent devant l'Hôpital central de Varsovie, et bien
poliment, Yann montre le télégramme. Avec l'indif-
férence de l'habitude, un fonctionnaire les emmène
au dernier étage, à l'administration.

Là, une dame sévère les dévisage avant de sortir
une fiche d'un classeur. Les deux frères, intimidés,
l'écoutent réciter les circonstances de la mort du
père :

« Slota, prénom Oleg, né le 3 septembre 1875, à
Kriesk, domicilié à Kriesk, admis le 7 février 1950,
décédé le 8 mai 1950, à vingt-deux heures. Cause de
la mort : embolie pulmonaire. Casier 784... Qu'est-ce
que vous faites du corps, messieurs ? » ajoute-t-elle,
un brin désolée.

Yann et Kasimir se regardent.

« Eh bien, il faut enterrer le père ! »

Et la litanie reprend :

« Vous pouvez bénéficier du service minimum
des pompes funèbres. Enlèvement du corps, trajet,
inhumation, la part de l'Etat est de cent vingt-trois
zlotis, la vôtre de trois cents zlotis. »

Trois cents zlotis pour enterrer le père ? Yann et
Kasimir ne savaient pas ! Voyons, chez eux, au village, il suffirait de dix zlotis au fossoyeur pour creu-
ser la tombe du père, et encore ! Les plus jeunes,
comme eux, pourraient le faire eux-mêmes. Trois
cents zlotis, c'est une fortune ! Yann, le dépositaire
de la monnaie familiale, n'en a que cinquante en
poche... tout ce qui leur reste après l'achat des billets
de train. Comment le dire à cette dame sévère qui les
regarde à peine, si peu d'ailleurs qu'elle tend la fiche
au fonctionnaire et sans s'apercevoir de la gêne des
deux frères, ordonne :

« Conduisez ces messieurs au casier 784, pour la
formalité d'identification. Qu'ils reviennent à seize
heures, bureau 14, pour le versement et la
signature. »

Elle a décidé pour eux, semble-t-il.

Au long des couloirs blancs, Yann et Kasimir, hébétés, suivent le fonctionnaire jusque dans le sous-sol. Il fait froid. Le fonctionnaire silencieux donne la fiche à un autre fonctionnaire morose. Le fonctionnaire morose les guide vers le casier 784, l'ouvre et s'éloigne discrètement. Il est prévu dans le règlement quelques minutes de recueillement pour la famille du défunt.

Mais c'est à un étrange recueillement que se livrent Yann et Kasimir, devant le casier 784. Ils n'ont pas d'argent. C'est donc à eux de se débrouiller seuls. Et ils vont se débrouiller comme on se débrouillerait au village. Kasimir ira louer une charrette pour quelques zlotis, et ils emmèneront le père avec eux, jusqu'à la gare. Là, ils reprendront le train, jusqu'au village, en payant la place du père, et ils l'enterreront au cimetière.

La charrette : cinq zlotis, les places de train : vingt-huit; total : trente-trois zlotis... c'est correct.

Voilà ce qu'ils décident, les deux frères Slota, Yann et Kasimir. Et il faut être innocents comme eux pour que tout se passe bien, et pour qu'on les laisse partir avec un cadavre sur les bras.

Kasimir va louer une charrette et Yann dit au fonctionnaire :

« Nous faisons l'enterrement nous-mêmes, une voiture va venir. »

Il signe une décharge à l'étage supérieur où la dame sévère imagine tout simplement que la famille a commandé une voiture des pompes funèbres. Elle indique même comment sortir de la morgue : Porte D, dans la cour, il y a un passage prévu pour les fourgons.

A quatre heures de l'après-midi, Kasimir entre dans ladite cour. Il est juché sur une carriole de déménagement que traîne un mulet sans âge.

Le fonctionnaire qui amène le corps sur un chariot de nickel s'étonne un peu, mais ça ne le regarde pas. On lui a signé une décharge, c'est le principal, et il n'a aucun droit de critique sur la qualité du corbillard. Il remet aux deux frères le corps vêtu d'une chemise d'hôpital et un paquet de vêtements ayant appartenu au disparu.

Premier problème à résoudre pour Yann et Kasimir : habiller leur père ! On ne transporte pas un mort en chemise, et surtout on ne peut pas lui faire prendre le train en chemise.

Les voilà donc tous les deux habillant papa dans la cour de l'hôpital, ce qui n'est pas facile. Il faut lui remettre son costume, ses chaussures, l'envelopper dans son pardessus, et il est raide, bien entendu.

Au bout d'une demi-heure d'efforts, c'est tout de même fait. Jusqu'au chapeau sur la tête. Yann prend les rênes, Kasimir s'installe dans la charrette à côté de son père, qu'il assoit tant bien que mal, et le curieux équipage quitte l'hôpital sans encombre.

Arrivés à la gare, deuxième problème : il faut rendre la charrette à son loueur et se charger du père.

Yann et Kasimir prennent leur père sous les bras et gagnent la salle d'attente. Si quelques regards curieux les effleurent, c'est pour les plaindre sûrement d'avoir à aider à marcher un vieillard dans un si triste état. Yann va acheter les billets, rejoint Kasimir, ils transportent encore le père jusqu'au train et l'installent dans un compartiment. Cette fois, c'est Yann, l'aîné, qui va rester avec le père tandis que Kasimir va rendre la charrette au loueur... Le train part dans une heure, tout va bien, ils ont le temps.

Tout va bien mais c'est fatigant. Heureusement, Kasimir est costaud et il règle le deuxième problème au pas de course. Tandis qu'il regagne la gare en courant, vers six heures et demie du soir, Yann, tout seul dans le compartiment, a disposé son vieux père en forme de voyageur endormi : chapeau bas sur le front, jambes calées, manteau coincé entre le siège et la banquette.

Voici Kasimir revenu, et le train ne part que dans

vingt minutes. Qui aurait cru que tout irait si vite, et si bien? Leur pauvre père, mort la veille, le télégramme reçu le matin, le voyage, l'hôpital, la charrette et le retour au village! Yann et Kasimir n'ont même pas eu le temps d'avoir de la peine. En ville, on n'a pas le temps d'avoir de la peine; tout va si vite, et il y a tant de problèmes à résoudre!

Et c'est là que Kasimir dit à son frère :

« On n'a rien mangé, j'ai faim, moi. »

C'est vrai qu'ils n'ont rien mangé depuis le matin, et rien bu, et c'est vrai que les émotions, ça creuse!

Yann est bien d'accord, mais le buffet est de l'autre côté du quai... Et pour tout arranger, un voyageur pénètre dans le compartiment... Il met sa valise dans le filet, au-dessus du père, et s'assoit juste en face. Que faire? Au point où il en est, Yann n'en est plus à une décision près... Il s'adresse au voyageur :

« Monsieur, notre père qui est là est très fatigué, et très malade. Ne lui parlez pas, ne le dérangez pas, s'il vous plaît. Nous allons au buffet, mon frère et moi, et nous revenons dans quelques minutes. »

Le voyageur acquiesce et ne jette qu'un coup d'œil poli sur le vieux monsieur terré dans son coin. Yann et Kasimir dégringolent du train et foncent vers le buffet. Ils ont un quart d'heure pour se restaurer, et vont même s'offrir le luxe d'un petit alcool revigorant, histoire de se remettre.

Mais de l'autre côté du quai, c'est le drame. Un drame court, stupide, terrifiant. Le train vient de manœuvrer brutalement, la secousse fait basculer la valise du voyageur, la valise tombe sur le vieux papa, qui s'écroule par terre, au grand dam de son compagnon. L'homme se précipite, récupère sa valise, soulève le vieillard pour l'aider à se rasseoir, et horreur! s'aperçoit qu'il est mort. C'est le choc, sûrement! C'est une lourde valise métallique... Mon Dieu, que faire? Que d'ennuis en perspective! De quoi ne va-t-on pas l'accuser? Et le voyageur a une réaction totalement stupide : le voilà qui prend

« son mort » à bras-le-corps, le traîne dans le couloir, l'enferme dans les toilettes, dont il coince la porte, récupère sa valise et se sauve comme un criminel. Il descend à contre-voie, remonte dans le train et va s'installer dans un autre wagon. On croira ainsi que le vieil homme est mort tout seul, d'ailleurs il était malade.

Pendant ce temps, Yann et Kasimir, réconfortés, regagnent leur compartiment.

Plus de père... C'est à devenir fou ! Yann dit : « On nous l'a volé », et Kasimir bredouille : « Il n'était peut-être pas mort ?... » Les pauvres ! Ils ont fouillé partout et tandis que le train roulait, c'est le contrôleur qui a retrouvé papa... L'imbroglio fut si énorme que le train dut rester arrêté en rase campagne plus de deux heures avant que les explications soient claires.

Et quand Yann et Kasimir eurent regagné leur village et enfin enterré leur père, quand il ne leur resta plus un zloti une fois payé les fleurs et le fossoyeur, ils se retrouvèrent devant un tribunal où un juge sévère les condamna à trois mois de prison ferme et cinq cents zlotis d'amende. Motif : profanation et transport illicite de cadavre !

Ils n'y ont rien compris, les pauvres gens ! Sinon que mourir à la ville coûtait bien trop cher pour qu'on aille seulement prendre le risque d'y vivre !

LE FANTÔME INSOLITE

C'EST une chose étrange et belle. Le couvercle du carton à chapeaux vient de la révéler aux yeux de Lewis Opton, qui en frémit de la nuque aux pieds. A première vue, on dirait de la soie. Une gigantesque couronne de soie tressée, sculptée, de tous les tons d'automne, de l'or au brun foncé.

De plus près, c'est une couronne de cheveux, d'environ quatre-vingts centimètres de diamètre, et en la touchant, Lewis Opton a l'impression de toucher quelque chose de vivant. Ses mains sont électrisées et il regarde avec une telle intensité qu'il en a mal aux yeux. Qu'est-ce que c'est? Qui a fait cela? Qui a fait ce travail extraordinaire de précision, de patience et de beauté, quelles mains ont filé ces milliards de cheveux, presque un par un, pour réaliser cette chose si extraordinairement inutile? Et depuis quand dort-elle au fond de ce carton à chapeaux?

Lewis Opton regarde toujours avec intensité l'étrange couronne, et soudain il voit! Au milieu de la couronne... Pâle avec des reflets bleus, comme de la fumée légère, il voit le visage d'une femme qui sourit et tend les bras. Il l'a vue!

Mais c'est parti, envolé, il n'y a plus rien et Lewis lâche la couronne comme si elle lui brûlait les mains. Son cœur bat la chamade. Il a une sainte peur, tout à coup. Il n'a pas pu voir ça! Il ne croit ni aux miracles ni aux fantômes, c'est impossible, ce qu'il a vu il ne l'a pas vu ! Et il n'osera le dire à personne, car on le prendrait pour un fou. Il s'enfuit du grenier, de peur que cela recommence.

Donc, Lewis Opton vient de voir une apparition. Nous sommes aux Etats-Unis, dans l'Etat du Delaware, entre le New Jersey et la Pennsylvanie, à Slaughter Beach, en septembre 1947. Et c'est là que Lewis Opton a vu un fantôme, disons... lui sourire et tendre les bras, au centre d'une couronne de cheveux tressés.

Cette étrange vision l'a frappé la lendemain de son mariage ! Sans doute pour lui apprendre à fouiller la maison de sa femme, une vieille maison nichée dans un creux de la baie, remontant à l'époque des premiers colons hollandais. Or, il est difficile d'avoir une vision et de la garder pour soi.

Voir tout d'un coup se matérialiser devant ses yeux, suspendus en l'air..., un visage et une silhouette a de quoi rendre nerveux. L'envie de le dire à la personne la plus proche vous taraude, et puis quelque chose vous retient. « On » va vous prendre pour un fou. Comment faire croire l'incroyable, comment ? Alors qu'on a tant de mal à y croire soi-même. Mieux vaut être raisonnable et se taire.

Alors, Lewis Opton descend tranquillement, bien qu'un peu raide, les escaliers du grenier et va retrouver sa jeune femme, Serena, dans la cuisine.

Sa vision le démange et, en discutant de choses et d'autres, il amène sa femme à lui raconter un peu l'histoire de la maison et de ses parents.

Serena parle de sa grand-mère, morte alors qu'elle n'était pas née. La maison lui appartenait et c'était une femme extraordinaire. Lewis apprend donc que le cadre insolite de sa vision appartient à cette grand-mère et que la famille le garde religieusement, depuis des années.

Prenant son courage à deux mains et l'air de ne pas y attacher d'importance, Lewis Opton dit :

« J'ai fait un tour dans le grenier ce matin... »

Et, d'un air tout aussi détaché, Serena répond :

« Alors tu as dû voir les cheveux de la grand-mère, j'espère que tu n'as pas eu peur... »

Lewis prend un air faussement surpris :

« Des cheveux ? Quels cheveux ? Ah ! ce truc bizarre en forme de couronne mortuaire ? C'est ça ? »

Il en frissonne encore, mais la curiosité le dévore :

« Qu'est-ce que c'est que cette chose ? »

Curieusement, Serena n'a pas très envie d'en parler, elle non plus, comme si cette « chose » était un secret de famille un peu gênant ou étrange, que l'on n'aime pas raconter.

Mais Lewis Opton, mal remis de ses émotions, insiste auprès de sa femme, car il a besoin de savoir d'où vient la « chose » où il a vu, enfin il a cru voir... une bêtise. Mais, tout de même, il veut savoir.

Alors il insiste. Serena s'assoit sur une marche du perron qui domine la baie de la Delaware et raconte à son mari une sorte de conte extraordinaire, avec le préambule suivant :

« Surtout, ne nous prends pas pour des fous dans la famille. Mais après tout, nous sommes mariés et tu le sauras un jour ou l'autre. Ce n'est peut-être qu'une légende, d'ailleurs. Ma grand-mère était la fille d'un éleveur de bétail. Lorsqu'elle a quitté le pensionnat pour venir ici rejoindre son époux, elle a commencé une couronne de cheveux, celle que tu as vue là-haut. Elle s'appelait Serena, comme moi. C'était en 1860. »

Encouragée par son mari, elle reprend :

« En 1860, donc, Serena quitte son couvent du Wisconsin, et demande à chacune de ses amies une mèche de cheveux. Les trente jeunes filles s'exécutent et Serena emporte avec elle – blonde, brune, rousse, dorée – trente mèches qu'elle tresse ou façonne chacune d'une manière différente. Celle de Marie l'insolente sera tordue comme une flamme, celle de Lisbeth la tendre sera nouée comme de la soie, celle de Jáne la délicate, transformée en une minuscule dentelle, celle de Frances la drôle sera tressée cheveu par cheveu en une cascade, comme un rire. Et pour chaque mèche, un dessin se forme. »

Serena ajoute qu'une fois mariée, sa grand-mère prit les cheveux de ses enfants, de son mari, et les sculpta de la même façon selon le caractère de chacun. Cela fait de minuscules œuvres d'art de quelques centimètres carrés, et qui, toujours, sont fidèles à la personnalité de leur propriétaire. Tous les morceaux de ce curieux ouvrage sont reliés entre eux.

Au fur et à mesure des années, Serena augmente son travail de nouvelles pièces. Chaque fois que quelqu'un meurt ou s'éloigne d'elle, il lui faut une mèche de cheveux. elle a bientôt des cheveux de toute la ville ou presque. Elle affirme que cet album de cheveux est aussi vivant qu'une galerie de portraits. D'ailleurs, elle peut reconnaître chacun à ses cheveux et à ce qu'elle en a fait.

Ce brin doré délicat, c'est Judith; ce roux virulent, c'est Enoch; ce noir discret, c'est Caroline; ce joyeux doré, c'est Sophie. Des milliers et des milliers de cheveux se tressent, se lient, se tissent les uns aux autres en dessins étranges formant une couronne qui épaissit avec les années. C'est un patient travail d'orfèvre. Par endroits, des guirlandes; à d'autres, une sorte de galon espagnol, des médaillons, des festons. Il y a là, représentées par leurs cheveux, plus de mille personnes qui ont croisé la vie de grand-mère Serena depuis soixante ans environ. Car sa couronne de cheveux est devenue son unique passion. Serena a perdu son mari à la guerre de Sécession alors qu'elle n'avait que vingt ans; puis, son fils, au cours d'une épidémie. Il ne lui reste qu'une fille, devenue infirmière, qui ne rentre à Slaughter Beach que pour y voir mourir sa mère, en 1910, et hériter de la couronne somptueuse et étrange, faite de milliards de cheveux tressés.

Cette couronne, que Lewis Opton a vue dans le

grenier et dans laquelle il a cru voir cette sorte de... Mais il n'ose pas le raconter à sa femme, il a peur d'avoir l'air bête. D'ailleurs, elle n'a pas fini son histoire.

Elle raconte maintenant comment sa mère s'est mariée. Et comment son père, en découvrant la couronne de cheveux tressés, a eu une vision.

« Comment ? dit Lewis Opton, ton père a eu une vision ? Qu'est-ce que tu racontes ?

– Oh ! je sais, dit Serena, ça a l'air stupide, mais tu pourras le lui demander. Il maintient qu'il a vu quelque chose dans la couronne. »

Lewis Opton a senti un immense frisson le glacer des pieds à la tête :

« Qu'est-ce qu'il a vu ? »

Serena hausse les épaules :

« Une sorte de femme...

– Attends ! Une femme pâle avec des yeux très sombres et de longs bras tendus devant elle ? C'est ça ?... Dis-moi que ce n'est pas ça !... »

Mais c'était bien ça !

Le père de Serena l'avait vu et son mari aussi. Au centre de la couronne, bras tendus, pâle et légèrement mouvante dans cette masse de cheveux épars, sombre et lumineuse, luisante, vivante, impressionnante, extraordinaire... un fantôme. Celui de la grand-mère de Serena, morte en 1910 ?

Lewis Opton en a froid dans le dos. Il dit :

« C'est une coïncidence. D'ailleurs, il y a des reflets bizarres sur cette chose, et la lumière du grenier doit faire le reste... Oui, c'est une coïncidence... »

Pourtant, pour la part du rêve, et que Lewis Opton le veuille ou non, il existe un détail supplémentaire que lui indique sa femme.

En 1910, lorsque la grand-mère Serena est morte, elle était seule. Personne ne l'avait vue sortir depuis longtemps. Et lorsqu'on découvrit son corps, on découvrit aussi une chose étrange, très étrange : elle avait coupé seule ses propres cheveux, immenses et blanchis, et patiemment, mèche par mèche, elle les avait alors tissés le long des autres, au-dessus, en dessous... tout au long de son ouvrage, comme une dentelle de neige qui achèverait définitivement son chef-d'œuvre. Mèches d'or, mèches brunes ou blondes, noires ou cendrées, sur fil d'argent.

Cela fait, elle mourut.

La couronne de cheveux tressés mesure environ quatre-vingts centimètres de diamètre, et se trouve toujours dans la famille de Lewis Opton qui, chaque fois qu'il raconte l'histoire, ajoute :

« Je ne saurai jamais la vérité. C'est épouvantable dans le fond... L'ai-je vue ? Ou non ? Et qu'ai-je vu ? Quel fantôme, parmi les centaines qui ont offert jadis une mèche de leurs cheveux à la grand-mère Serena ? Marie l'insolente aux cheveux roux ? Lisbeth la tendre aux cheveux noisette ? Jeanne la délicate aux cheveux de soie ? Frances la drôle à la tignasse en cascade ? Judith ? Caroline ? Qui ?... La tante Serena elle-même ? Ou bien alors un mélange de toutes ces femmes et de tous ces cheveux, une sorte de fantôme multiple ? Etait-ce mon imagination dans la pénombre du grenier ? »

Lewis Opton n'a plus osé regarder dans la couronne de cheveux, mieux vaut douter, dit-il, qu'admettre l'impossible.

PORTRAIT DE ROSALIND
AVEC ENFANT

Portrait de Rosalind : un mètre soixante, pour cinquante kilos; vingt ans, mariée, ouvrière, pauvre. C'est Rosalind, une jeune femme noire de Harlem. Elle a quitté l'école à douze ans pour travailler. Elle sait qu'il ne faut pas manger dans les mêmes restaurants que les Blancs, qu'il ne faut pas prendre les mêmes autobus, fréquenter les mêmes cinémas, ni parfois même longer le même trottoir... Mais ce n'est pas cela qui la rend malheureuse.

Son mari travaille sur des chantiers de démolition, il est souvent loin d'elle, mais ce n'est pas cela qui la rend malheureuse. Son appartement n'a d'appartement que le nom. C'est une pièce avec l'eau courante, dans un immeuble en ruine, où tout le monde crie et piaille à tous les étages, jour et nuit... mais ce n'est pas cela non plus qui la rend malheureuse.

Son malheur à elle, c'est de ne pas avoir d'enfant. A cause de cela Rosalind a décidé de voler un enfant. Un petit enfant noir, comme elle. Rien n'est plus horrible et plus condamnable. Rien n'est plus laid, rien n'est plus méprisable que le vol d'un enfant.

Rosalind réussit à pénétrer dans un hôpital de Harlem, en pleine nuit, et elle gagne la maternité. Les petits lits, alignés côte à côte, sont surveillés par une infirmière de garde. Ici, elle ne pourra rien

voler. Alors, elle se dirige vers une porte marquée :
Interdite à toute personne étrangère au service.

Derrière cette porte dorment les plus fragiles, les prématurés, enfermés dans leur couveuse artificielle, nourris de sérum, isolés du monde où ils ne peuvent pas encore vivre. Seuls.

Rosalind ouvre la porte et fait le tour des petites cages de verre. Elle s'arrête devant l'une d'elles et sans hésiter, débranche les appareils qui fournissent à l'enfant oxygène, sérum et chaleur.

C'est une petite fille nue, minuscule, fragile, à peine née, dont la vie ne tient qu'à un fil et qui ne pleure même pas.

Rosalind la cache sous son manteau comme un trésor, et s'enfuit par les sous-sol de l'hôpital. C'est une sale voleuse et peut-être une criminelle, car une enfant prématurée a besoin de soins particuliers qu'elle est bien incapable de lui fournir.

Le 3 avril 1950, le F.B.I. et toute la police fédérale sont à la recherche de Chaneta, âgée de sept mois et quatre jours, de race noire, pesant mille cent soixante grammes, un bébé en danger de mort qui devait rester dans une couveuse artificielle plusieurs semaines encore. Sa disparition incompréhensible ne ressemble à aucun cas connu d'enlèvement d'enfant. En effet, les parents sont des ouvriers, incapables de payer la moindre rançon s'il s'agit d'un kidnapping.

Habituellement, les voleuses d'enfant (ce sont presque toujours des femmes) agissent dans la rue. Mais pour kidnapper un enfant prématuré dans un hôpital, il faut être totalement criminel ou irresponsable et ignorer complètement les risques encourus par l'enfant, incapable de survivre en milieu normal, alimenté par perfusion et isolé dans un environnement stérile. Des appels à la radio et à la télévision sont lancés dès le matin, mais les médecins craignent déjà pour la vie de l'enfant. Selon le spécialiste de l'hôpital, Chaneta ne peut survivre plus d'une heure en dehors de sa couveuse, or il y a au moins sept heures qu'elle a disparu.

Aucune piste, aucun renseignement n'ont été découverts sur place.

Ce 3 avril, à midi, la mère de Chaneta, une jeune femme noire de trente ans, vient elle-même supplier les ravisseurs devant les caméras de la télévision. Son visage est marqué par la fatigue et le désespoir. Elle a accouché il y a quatre jours seulement, et son mari doit la soutenir.

« S'il vous plaît, dit-elle, s'il vous plaît, si vous m'entendez, rendez-la-moi ! J'ai tellement souffert pour la mettre au monde, c'est notre seule enfant et je n'en aurai jamais d'autre. J'avais mis tant d'espoir en elle. Je ne l'ai même jamais vue. On me l'a prise tout de suite pour la mettre en couveuse, je n'ai même pas pu la toucher, l'embrasser, je n'ai même pas pu voir son visage, je dormais et j'étais trop malade ensuite pour aller la voir. J'attendais ce moment depuis si longtemps ! S'il vous plaît, rendez-la-moi, nous n'avons pas d'argent, mais nous en trouverons s'il le faut, donnez-la à un hôpital, ou à un médecin, elle va mourir, elle ne peut pas vivre... S'il vous plaît, je veux voir mon enfant ! »

Et la pauvre femme éclate en sanglots devant la caméra. Elle ne peut plus parler. On veut l'emmener, la calmer et elle supplie encore de ses deux mains jointes avant de disparaître de l'écran.

La mère de Chaneta a bouleversé toute la ville, mais pas la ravisseuse. Et la police fait ce qu'elle peut. L'hôpital a été fouillé de fond en comble, tout le quartier passé au peigne fin, sans autre résultat que le maigre témoignage d'un chauffeur de taxi.

La nuit du rapt, il a pris en charge une jeune femme noire qui portait un bébé dans ses bras. C'était à la sortie d'un métro. La jeune femme lui a demandé de s'arrêter devant un drugstore ouvert la nuit et elle est allée acheter une couverture pour son enfant. Ensuite, le chauffeur l'a déposée quelque part dans le quartier de Harlem, sur un grand boulevard. Il est incapable de préciser où exactement et ne peut donner de la jeune femme qu'un signalement vague : petite, mince, des cheveux coupés courts et frisés, de race noire comme le bébé qu'elle portait dans ses bras. Rien ne dit qu'il s'agit de Chaneta et de sa ravisseuse.

Les jours passent et les nuits, l'espoir s'amenuise et s'éteint. Interviewée par un grand magazine, la mère de Chaneta déclare :

« On me dit que ma fille est morte à présent, mais je supplie qu'on me la rende quand même. Je veux la voir, comprenez-moi, je veux voir mon enfant. C'est affreux de mettre au monde un enfant sans jamais l'avoir vu, de le savoir mort quelque part, sans jamais l'avoir vu. C'est à devenir folle. Je donnerais ma vie pour rejoindre mon enfant, pour le revoir, même une fois, une seule fois, même si elle est morte... »

Hélas ! rien. Le rapt est sûrement l'œuvre d'un déséquilibré puisqu'aucune demande de rançon n'a été faite, qu'aucun hôpital, aucune clinique n'a été contacté. Or, personne ne dispose chez soi de couveuse artificielle. Il faut bien admettre que Chaneta n'a pas pu survivre à son enlèvement. C'est mathématique. Mais les mathématiques ne tiennent pas compte du hasard, seulement des lois de probabilité.

Or, justement, le 25 avril 1950, une jeune femme choisit des disques dans un grand magasin. Elle lie conversation avec la vendeuse qui lui demande tout à coup de patienter un instant sous le prétexte que la caisse est en panne. Elle se précipite alors au téléphone.

Il y a trois semaines environ, elle était vendeuse dans un autre magasin, et elle a vendu à cette même cliente une couverture de laine pour envelopper l'enfant qu'elle tenait dans ses bras. Un tout petit bébé. Elle a fort bien reconnu la femme.

La police arrive en trois minutes. Et la jeune

cliente n'oppose aucune résistance. Rosalind, vingt ans, habite à Harlem un minuscule appartement avec son mari. Elle y mène la police sans faire de difficultés. Les larmes aux yeux, elle raconte son histoire. En mars 1950, elle a mis au monde des jumeaux, deux enfants mort-nés. Pendant quelques jours, sous le coup du chagrin, elle n'a rien dit, pas même à son mari qui travaillait alors sur un chantier éloigné. Elle est seule. Elle attend de se résigner et n'y arrive pas. Alors, dans la nuit du 3 avril, elle pénètre dans un hôpital par l'entrée réservée aux ambulances et s'y cache. A onze heures, heure de la dernière tétée, elle sait que la voie est presque libre. C'est risqué mais sa décision est prise. Elle ne pourra voler qu'un enfant prématuré, car tous les autres sont avec leur mère. De plus, il lui faut un bébé noir, comme elle.

Ce sera Chaneta, si petite, si fragile. Elle a besoin d'être aimée et Rosalind va l'aimer de toutes ses forces.

Elle sort par les caves, prend le métro, puis un taxi, achète une couverture, se fait déposer sur un grand boulevard au hasard, et marche longtemps pour rentrer chez elle, afin de brouiller les pistes.

Ensuite, dans son petit logement, elle installe Chaneta dans un berceau au fond d'une alcôve.

Et Chaneta y est toujours. Vivante. En bonne santé même, pesant une livre de plus, bon poids. C'est un miracle.

Rosalind savait à peu près de quoi les prématurés ont besoin. C'est une femme simple, mais organisée, qui ment pour ne pas être malheureuse.

A son mari qui rentre, elle dit que l'un des jumeaux est mort et que voici sa fille. Ensuite elle va s'employer à reconstituer les conditions d'une couveuse artificielle, avec les moyens dont elle dispose.

Il faut maintenir une température de trente-sept degrés en permanence : Rosalind installe deux chauffages électriques et d'innombrables récipients d'eau chaude qu'elle renouvelle sans arrêt, pour ne pas perdre un seul précieux degré. Pour l'oxygène, Rosalind fait brûler des produits chimiques, achetés dans une droguerie. Elle sait que Chaneta a besoin d'oxygène parce qu'elle respire mal.

Quant à la nourriture, ce sera son propre lait. Tant pis, elle n'a rien d'autre. Son lait qui ne devait servir à rien va nourrir Chaneta qui ne vivait que de sérum. Et le reste tient du miracle, car maintenir Chaneta en vie, c'est un miracle, le reste c'est de l'amour. De l'amour fou, certes, mais de l'amour tout de même. Une surveillance de tous les instants, de toutes les secondes, nuit et jour, pendant vingt jours.

Chaneta, sept mois, vingt-quatre jours et mille huit cent vingt-cinq grammes, a enfin rencontré et retrouvé sa véritable mère, mais seulement pour quelques minutes, car elle a dû retourner en couveuse. Le lent travail de la vie prénatale n'était pas achevé. Pas encore, mais c'était bien parti.

Et la mère de Chaneta, une dernière fois interviewée à la télévision, a dit de Rosalind :

« Elle risque la prison à vie, je sais, mais moi je lui pardonne. Je sais ce que c'est de perdre son enfant. Que Dieu permette qu'elle en ait d'autres ! »

Mais Dieu n'a pas permis. Rosalind le savait, sa punition était prévue d'avance, pour vingt jours d'un bonheur volé à une autre.

IL MANGEAIT DES BONBONS

Il est petit, les cheveux drus, couleur de sable, avec de longs favoris qui encadrent ses joues pâles. Une fine moustache ponctue ses lèvres minces. Il porte des lunettes à monture d'acier, son regard est glacial.

Il a l'air d'une statue de sable. Tout est couleur de sable chez cet homme terne et froid.

Handy Provitt, le chef de la police de Provincetown, le regarde avec étonnement.

Alors c'est lui, le monstre ? Il n'était pas au Mexique, ni au Canada, ni au Honduras, ni au Guatemala, il était à cinquante kilomètres de Provincetown. On le cherchait partout, jusqu'en France, en Italie ou en Espagne. Par mesure de précaution, on avait diffusé son signalement à toutes les polices du monde. Et il était là, tout près, à Burhington, Massachusetts. Il achetait des bonbons dans un drugstore.

Des bonbons ! Et on vient de le livrer à Handy Provitt, avec son paquet de bonbons multicolores qu'il tient à la main comme s'il était en visite. Il ne s'est pas débattu, il n'a pas protesté. Le policier de service dans le magasin l'a reconnu, s'est approché et lui a dit :

« Anton Motta ? Vos papiers, s'il vous plaît... »

Et il a donné ses papiers. Le policier a sorti son arme, craignant un mauvais coup ou une attaque. Il avait peur d'arrêter tout seul, en pleine foule, un dimanche matin, le monstre dont on lui montrait la photo chaque matin avant de prendre son service.

Mais le monstre le regardait sans rien dire. Sans bouger. Il suffisait de lui mettre les menottes et de l'emmener avec son paquet de bonbons. Dans la voiture de police, Anton Motta a demandé :

« Qu'est-ce que vous voulez ? »

Comme si se faire arrêter était un contretemps ennuyeux mais sans gravité. L'un des policiers qui l'encadrait sur le siège arrière en a explosé de fureur :

« Ce qu'on veut ? Te découper en morceaux, mon pote ! Ça te rappelle rien ? »

Anton Motta a regardé l'homme rouge de colère qui lui postillonnait au visage, et n'a plus ouvert la bouche.

Et voilà ce petit homme couleur de sable, immobile à vous mettre mal à l'aise, attendant on ne sait quoi. Qu'on l'informe peut-être. Handy, le chef de la police, s'attendant à une longue journée et à une longue nuit avant d'obtenir des aveux, récapitule mentalement les preuves accumulées contre cet homme :

— Il vivait à l'hôtel-pension où ont disparu les deux dernières jeunes filles;

— Il est le dernier à les avoir vues vivantes, avec d'autres personnes insoupçonnables;

— Il a utilisé leur voiture pour s'enfuir, et a même payé une contravention pour excès de vitesse sur l'autoroute, le jour de leur disparition.

Pour les deux autres cadavres, rien. Aucun lien. Sinon l'endroit où on les a trouvés, un cimetière de femmes, dans les dunes de sable de la presqu'île de Truro, un minuscule port de pêche qui s'enfonce dans l'océan Atlantique.

Handy Provitt pose la main sur l'énorme dossier criminel qui l'empêchait de dormir depuis trois mois. Des photos, des rapports d'autopsie, des témoignages, des analyses, des signalements. Sur Anton Motta : une simple fiche et une photo d'identité.

Vingt-cinq ans, profession : naturaliste. Marié à dix-neuf ans avec une jeune fille de quatorze ans. Trois enfants. Divorcé depuis deux ans. Jamais condamné. A perdu son père à deux ans, sa mère vit encore. Point final.

Handy Provitt a tout à apprendre sur le monstre assis en face de lui, son paquet de bonbons sur les genoux.

Un avocat vient de faire irruption dans le bureau du chef de la police, il a l'air agité.

« Shérif, on m'a nommé d'office, où est mon client ?

– C'est lui. Mais il ne veut pas d'avocat pour l'instant...

– C'est à lui de me le dire, si vous permettez ! Monsieur Motta, vous a-t-on informé de vos droits ? Avez-vous subi des pressions, des sévices ? Vous a-t-on encouragé à parler avant mon arrivée ? »

Le petit homme immobile secoue la tête négativement, puis se racle la gorge avant de parler. Drôle de voix : fluette et sans couleur, terne comme lui.

« Je vous remercie, tout va bien, je n'ai pas besoin de vous pour l'instant, on ne m'accuse de rien, n'est-ce pas ? »

L'avocat, surpris, consulte le policier du regard et Handy Provitt détourne la question :

« En effet, on ne l'accuse de rien pour l'instant. Mais dans cinq minutes, j'inculperai cet homme pour assassinat, pour quatre assassinats...

– Shérif, j'ai le droit de lui parler avant.

– Allez-y, je vous donne cinq minutes, pas plus. Mais je vous préviens, vous ne le tirerez pas d'ici, vous ne le ferez pas enfermer chez les fous avant que je sache, avant qu'il ait tout raconté, tout, absolument tout. La caution est fixée à cent mille dollars et il ne les a pas. Sa femme non plus, sa mère non plus, personne ne le sortira de là. Et pour l'instant, rappelez-vous que je ne l'ai accusé de rien. Il est là comme témoin, il parlera comme témoin. Et ça, vous n'y pouvez rien.

— Shérif, c'est une tactique grossière! Vous ne l'inculpez pas, pour me mettre à l'écart, mais vous le ferez dans cinq minutes, dès que j'aurai le dos tourné!

— Exact!

— Pourquoi? Faites-le maintenant! Vous avez peur que j'assiste à l'entretien?

— Je ne veux pas de vous. C'est clair? Je vous connais, vous, les avocats. Vous allez vous précipiter chez un psychiatre et plus personne ne pourra poser une seule question à monsieur sans se faire répondre qu'il est « irresponsable officiel »...

— Mais cet homme est peut-être fou!

— Peut-être! Excellente question! Dites-moi, Motta, votre avocat estime que vous êtes fou, il veut vous faire enfermer avant que nous discutions tous les deux, qu'en pensez-vous? »

Ignorant les protestations de l'avocat furieux, le policier se penche sur le petit homme et répète :

« Alors? Vous êtes fou? Ou on discute entre hommes? »

Anton Motta a une légère hésitation, puis sa voix terne tranche la question :

« Je n'ai besoin de personne pour parler avec vous.

— Parfait. Alors disons que ce monsieur est votre avocat, que vous l'avez vu et qu'il va attendre dans la pièce à côté que vous ayez besoin de lui. D'accord?

— Entendu. Puis-je vous offrir un bonbon? »

Et tandis que l'avocat, vexé, disparaît en maugréant une multitude de mises en garde sur la légalité du procédé, Motta le monstre offre poliment un bonbon au chef de la police, qui le prend d'abord sans réfléchir puis le jette sur son bureau avec colère.

Les mains de cet homme ! Ces petites mains maigres aux doigts déliés, aux ongles soignés, ces instruments de torture barbare voudraient lui offrir un bonbon !

Handy Provitt a du mal à reprendre son calme. Pourtant, il le faut. Il veut des aveux en règle, et vite. Il veut que les juges n'aient pas à se poser de questions, qu'il n'y ait pas de doute, qu'ils sachent bien que l'homme qu'ils auront à juger est une bête humaine, un sadique immonde ! Et que le pardon n'existe pas pour lui, sous aucune forme.

Handy Provitt est un homme simple. Jamais, de toute sa carrière de policier, il n'a frappé un homme. Il a toujours fait son métier proprement. Mais ce monstre le dépasse. Il doit lutter contre l'envie de l'écraser comme une punaise malfaisante, il doit oublier le spectacle horrible de ces corps mutilés, découpés, hachés en morceaux, dans le sable des dunes : Patricia, étudiante, vingt-trois ans; Mary Ann, étudiante, vingt-deux ans; une inconnue du même âge et une enfant de dix ans non identifiée. Il faut oublier...

« Anton Motta, vous êtes inculpé d'assassinats et de profanation de corps sur quatre victimes, dont deux n'ont pu être identifiées.

— Je suis innocent.

— Levez-vous, nous allons faire un tour sur la plage !... »

Le petit homme se laisse emmener sans sourciller. Il bâille en montant dans la voiture du chef de la police et ignore totalement les flashes des photographes qui le mitraillent à bout portant. Les dunes de la plage de Truro sont à quelques kilomètres. C'est le bout du monde, le cap Cod, mince bande de sable qui s'enfonce dans l'Atlantique comme une aiguille recourbée, et ferme la baie du Massachusetts. Sur ce même sable, débarquaient en 1620 les pèlerins du *Mayflower,* quarante et un puritains anglais dont Anton Motta est un curieux descendant.

Mayflower, « Fleur de mai ». Nous sommes en mai 1969, trois cent cinquante ans après les premiers pas des colons puritains sur le sable du cap Cod...

Anton Motta, le petit monstre au teint couleur de sable, marche aux côtés du chef de la police jusqu'à la dernière dune, face à l'océan.

Les policiers font barrage aux journalistes, cinq cents mètres plus haut. Motta marche mal. Ses mains liées par les menottes l'empêchent de garder l'équilibre et il tombe à genoux plusieurs fois, mais sans se plaindre.

Au bout de la dune, il y a quatre piquets de bois, écartés de quelques mètres, un pour chaque corps retrouvé. Handy Provitt connaît trop bien cet endroit. C'est lui qui a dirigé les fouilles. Et jamais, de toute son existence, il n'avait vu pareil spectacle.

« Alors, c'était là ?

— Je n'ai rien fait...

— C'est là qu'on les a retrouvées.

— Je voudrais m'asseoir.

— Non. Debout ! Marche jusque-là ! C'est ici qu'on a retrouvé la hache, et ici le couteau, et là un foulard de soie bleue avec tes empreintes !

— Vous n'avez pas mes empreintes !

— Si, dans ton dossier militaire. Pourquoi as-tu été réformé ? Tu t'en souviens ?

— Non...

— Moi, je sais : mauvaise constitution physique. Incapable de subir l'entraînement.

— C'est possible.

— Et pourtant tu as tué quatre femmes. Dont trois en pleine force de l'âge, des jeunes filles athlétiques, sportives, ce n'était pas facile. Comment as-tu fait ?

— Je ne sais pas, je n'ai rien fait !

– Tu n'aimes pas les femmes ?

– Si.

– Alors, pourquoi les tuer ?

– Je n'ai tué personne.

– Essayons de voir ça. Le sergent va faire comme s'il était une femme. Allez-y, sergent, asseyez-vous là, et toi aussi... Montre-nous ! C'est Patricia qui est là avec toi. Elle est brune, pas très grande, avec une robe de plage, un maillot de bain bleu et un foulard bleu, tu te rappelles ?

– Je n'ai rien fait...

– Mais si, tu as pris ton couteau et tu l'as égorgée.

– Non.

– Ensuite, tu as attendu que son amie revienne de la voiture et tu l'as égorgée aussi.

– Non. Elle marchait dans l'eau.

– D'accord, elle marchait dans l'eau, elle arrive vers toi, elle demande où est Patricia, tu lui dis qu'elle est dans la voiture et tu l'égorges...

– Non.

– Si, tu l'égorges !

– Non. Je n'ai rien fait. Elle marchait dans l'eau, j'ai marché avec elle.

– Tu avais le couteau !

– Je n'ai pas de couteau, vous me fatiguez.

– Sergent, montrez-lui le couteau. C'est le tien, n'est-ce pas ? Où l'as-tu acheté ?

– Ce n'est pas un couteau, c'est un scalpel !

– Et ça sert à quoi ?

– A découper les animaux pour les empailler ensuite.

– C'est comme ça que tu as découpé les jeunes filles ?...

– Je n'ai rien fait...

– Et l'enfant ? Tu te souviens de l'enfant ? Elle jouait sur la plage...

– Non, elle pêchait, là-bas... de l'autre côté de la dune.

« – Pourquoi l'as-tu tuée ? Elle et les autres ? Qu'est-ce qu'elles t'avaient fait ?

– Rien. Je ne sais pas de quoi vous parlez, j'aimerais rentrer, il fait froid ici. »

Une heure plus tard, dans le bureau du chef de la police, Anton Motta regarde sans frémir les photos de son massacre. Le 4 février, une enfant qui pêchait ; le 8 février, une jeune fille inconnue ; le 12 février, deux jeunes filles en promenade.

N'importe qui détournerait les yeux devant ce qu'il en a fait. Lui, il regarde, il a l'habitude. En perquisitionnant chez lui, on a trouvé des dizaines d'animaux empaillés, de reptiles dans des bocaux, de poissons morts dans du formol. Anton Motta exerce le métier de naturaliste par goût personnel. Il travaille peu pour les autres. Beaucoup pour sa collection privée. On espérait trouver chez lui les preuves définitives de sa culpabilité. On ne les a pas trouvées. Il a pourtant arraché le cœur de ses victimes après son horrible travail de découpage.

Handy Provitt a lu, un par un, les rapports d'autopsie. L'absence des cœurs le rend malade :

« Qu'est-ce que tu en as fait ? »

La nuit est tombée. Et pour la dixième fois au moins, le policier reprend l'interrogatoire à zéro.

L'avocat est allé se coucher, en laissant un numéro de téléphone. Un adjoint interroge l'ex-femme du monstre, qui l'accuse de cruauté mentale, de sadisme et refuse de le voir.

La mère est arrivée vers le milieu de l'après-midi. Elle attend. Elle veut voir son fils. A plusieurs reprises, il a fallu l'empêcher de forcer la porte ; elle pleure, elle tempête, elle menace...

« Motta, tu veux voir ta mère ?

– Non.

– Pourquoi ? Elle veut te voir, elle...

– Non.

114

– Tu vas la voir quand même. J'en ai assez de l'entendre brailler à côté...

– Laissez-moi tranquille, je n'ai rien fait...

– Alors, tu veux ton avocat ? Il t'amènera un médecin !

– Je ne suis pas fou, je n'ai rien fait, vous m'ennuyez...

– Choisis : c'est le médecin ou ta mère. »

Anton Motta soupire légèrement. Il se lève, résigné, face à la porte, et regarde entrer sa mère avec froideur.

Mme Motta mère est une femme forte, assez laide et volubile. Elle se jette comme un vampire sur son fils, les bras en avant, l'embrasse et le dorlote en pleurant :

« Jure-moi que tu n'as rien fait de mal, mon bébé... Jure-le ! »

Le petit monstre s'essuie les joues et recule aussi loin qu'il peut. Un vague dégoût filtre à travers les lunettes à monture d'acier, il marmonne :

« Faites-la sortir ! »

Mais la mère s'accroche à son fils, et celui-ci n'arrive pas à s'en débarrasser. C'est une pieuvre, ses bras sont des tentacules qui l'enferment, l'emprisonnent, l'étouffent...

Cette fois, le petit homme est rouge. Pour la première fois depuis qu'il est face à la police, il a des couleurs et semble vivant. Si vivant qu'il en explose :

« Faites-la sortir, bon Dieu ! »

Handy Provitt le pressentait vaguement, sans réaliser le profit qu'il pouvait en tirer : le monstre hait sa mère. Elle le dégoûte et il n'arrive pas à surmonter son dégoût; il se débat comme il peut, mais les menottes l'empêchent d'échapper à cette tendresse envahissante...

Alors, le policier en profite. Il s'assoit, il laisse faire quelques minutes. Il écoute la mère l'agonir de sottises en prenant son fils à témoin :

« Vous n'avez pas le droit de l'ennuyer, ôtez-lui ses menottes, laissez-le partir, rendez-le-moi, c'est mon fils, c'est mon enfant, il n'a rien fait de mal, n'est-ce pas, bébé ? Mais dis-le ! Maman ne te laissera pas, elle ne te laissera plus, c'est fini. Tu vois ce que c'est de partir ?... Oh ! c'est cette fille ! Je suis sûre que c'est elle ! Une petite garce, vous savez, c'est elle qui l'a dévergondé ! C'est sa femme ! Et maintenant, elle l'accuse de tous les maux ! Vous pensez... Une femme de cet âge, qui ne veut même pas me laisser les enfants ! Ce n'est rien, mon bébé, ce n'est rien ! Tu vas rentrer à la maison, maman va tout arranger, tu vas voir ! »

Handy Provitt s'est senti un peu sadique, lui aussi. Il a vu le petit monstre transpirer à grosses gouttes avec satisfaction, et lorsque la mère a hurlé :

« Vous n'avez pas de preuves ! »

... il lui a mis sous le nez les horribles photos, il lui a presque jeté au visage le foulard bleu taché de sang !

« Les voilà, les preuves. Il a découpé quatre femmes en morceaux... en tout petits morceaux et il a arraché le cœur à chaque fois... c'est votre " bébé " qui a fait ça, madame Motta !

– Non ! »

C'est là que le petit monstre a cédé. Pour écraser sa mère et s'en débarrasser, croyait-il, une bonne fois pour toutes.

Il avançait et elle reculait sous les aveux, sous les détails, elle se cachait la tête dans les mains, elle pleurait, criait, comme son propre fils la torturait à son tour. Puis elle s'est enfuie en hurlant. Et le petit monstre s'est effondré sur une chaise devant le policier; il tremblait de tous ses membres, Handy Provitt, il n'était plus si fier que ça.

Le lendemain, Anton Motta avait récupéré son calme, il était redevenu le petit monstre couleur de sable, au regard glacé derrière ses lunettes à monture d'acier.

Il n'a jamais renouvelé ses aveux. Jamais. Ni devant le juge, ni au tribunal où il bâilla durant toutes les audiences.

Et il disparut à jamais entre deux blouses blanches. A l'abri des jugements humains. Irresponsable devant la loi.

Sur plainte de la mère, le shérif Handy Provitt reçut un blâme sévère du tribunal, pour abus de pouvoirs, et il ne fut pas réélu.

Il ne faut pas jouer avec les petits monstres de sable quand on est grand, c'est défendu.

PÉNÉLOPE N'ATTENDRA PAS

Ils sont venus, ils sont tous là. Toute la famille Pasoli est venue du Nord et du Sud de l'Italie, car Irina est morte.

Il y a le grand-père Pasoli, médecin ophtalmologiste, le père Pasoli, chirurgien, le veuf, Carlo Pasoli, neurologue, et son frère généraliste.

Dans la grande villa près de Milan, règne un silence de mort. Irina est allongée sur un lit à baldaquin. Sa tête repose sur un oreiller de dentelle de Venise, son corps sur un drap de satin. On a glissé dans ses deux mains jointes un chapelet de cristal rose et la camériste a tressé les cheveux noirs en diadème sur le front blanc.

Irina était belle jadis. La mort lui a presque redonné sa beauté. Le dernier hommage rendu, les hommes se lèvent et s'en vont. Les femmes restent. Elles vont prier jusqu'à la mise en bière. Alors, la grand-mère Pasoli se penchera sur Irina pour lui retirer ses bijoux, ne lui laissant qu'une médaille au cou, et son alliance. L'enterrement aura lieu discrètement et, le soir, toute la famille dînera en silence. En silence, car le grand-père a dit :

« C'est moi qui parlerai à Carlo. »

Au cimetière, chacun a pu remarquer la présence d'un inconnu en pardessus et chapeau gris. Il se tenait à quelques tombes de là, observant la cérémonie. Il est reparti seul, avant le cortège, dans une voiture immatriculée à Rome. Mais personne n'a fait de commentaire.

Et le soir, comme prévu, le grand-père s'est enfermé au salon avec Carlo. De quoi ont-ils parlé ? Personne ne le sait. Et qu'y a-t-il à dire sur la mort d'Irina ? Peu de chose.

La haute société de Milan apprendra peu à peu le drame qui a frappé la famille Pasoli. Irina s'est suicidée. Il ne faut pas le crier sur les toits car l'Eglise a consenti à lui donner les derniers sacrements. Le curé de la paroisse a pudiquement fermé ses oreilles aux bruits qui couraient : abus de tranquillisants... et ouvert les yeux sur le denier du culte. La famille Pasoli est généreuse pour l'Eglise. L'Eglise admettra que la mort fut accidentelle. Cette pauvre Irina s'est trompée de dose...

Un peu plus tard, les commentaires se feront plus acides : « En réalité, cette pauvre Irina était jalouse. Son mari la trompait avec une de ses clientes, une blonde extraordinaire. Une Vénitienne de vingt-deux ans ! Irina a lutté tant qu'elle a pu. Mais, à quarante-cinq ans, c'est dur. Elle a même essayé la chirurgie esthétique, pour les poches sous les yeux et le cou. Une réussite, elle avait gagné vingt ans ! Seulement les nerfs n'ont pas tenu. Elle se bourrait de barbituriques. »

Voilà ce que l'on peut dire sur la mort d'Irina, encore peu de chose... Un peu plus tard, les commentaires se feront ironiques...

« Carlo n'a pas perdu de temps. Un mois après la mort de sa femme, il s'affiche avec cette fille et il veut l'épouser. C'est scandaleux ! Elle a presque trente ans de moins que lui ! On les a vus en week-end aux sports d'hiver. Ils se cachent, mais plus pour longtemps. Enfin, tant pis pour lui, il sera cocu, c'est évident. Un homme si brillant, si riche, s'amouracher d'une call-girl ! Il la couvre de bijoux, c'est insultant pour cette pauvre Irina... »

Les commentaires devaient s'arrêter là jusqu'au

remariage. D'ailleurs, le docteur Carlo Pasoli prend des vacances : quinze jours aux Bermudes. Il prend l'avion seul, pour l'opinion publique. Et, toujours pour l'opinion publique, sa « fiancée » prend le même avion, seule.

Ils n'ont pas remarqué, car ils sont naïfs, l'homme en pardessus et chapeau gris qui lit son journal dans un coin, près d'un pilier, qui les regarde monter à bord, qui regarde partir l'avion et s'en va prendre son train. Il serait bien parti, lui aussi, pour les Bermudes où, sans doute, il n'ira jamais, mais son dossier est largement suffisant et il n'a pas le temps, lui, de prendre des vacances.

Son train le dépose à Bologne. Là, il se rend à pied jusqu'à une maison particulière et sonne à un portail. La plaque de cuivre sur le pilier annonce : Docteur Ignacio Pasoli. C'est le grand-père, l'ex-ophtalmologue à la retraite.

Le domestique prend la carte du visiteur en pardessus et chapeau gris et l'apporte au vieillard qui dort dans sa bibliothèque.

« Monsieur... C'est un policier qui demande monsieur ! Un détective ! »

L'aïeul redresse sa haute taille. A quatre-vingt-treize ans, il n'exerce plus mais le pourrait encore. Ses longues mains fines ne tremblent pas. Son dos est droit, son regard perçant...

« Fais-le entrer, Silvio, et qu'on ne me dérange pas. »

L'homme en gris traverse un salon, foule du pied des tapis précieux et disparaît derrière les hautes portes sculptées de la bibliothèque. Tout ici respire la noblesse bourgeoise, les traditions, la culture, le raffinement et la richesse.

« Asseyez-vous, monsieur. Vous êtes de la police ?

— Police privée, docteur. Je suis détective privé...

— Que désirez-vous ?

— Vous tenir au courant de mon enquête sur la mort d'Irina Pasoli, la femme de votre petit-fils.

— De quel droit faites-vous une enquête ?

— Je ne la fais plus, docteur, elle est terminée. Irina Pasoli m'avait engagé il y a six mois.

— Alors tout ceci ne regardait qu'elle, et elle est morte, vous devriez le savoir...

— Je le sais, monsieur, bien entendu.

— Alors, vous réclamez de l'argent ? Elle ne vous a pas payé vos honoraires, c'est ça ?

— Elle les avait payés d'avance, monsieur, et si j'ai poursuivi après sa mort, les quelques frais que j'ai engagés ne méritent pas d'en faire une facture. Quelques taxis, un billet de train, ce sont des choses sans importance. D'ailleurs, j'avais accepté un forfait.

— Alors, que voulez-vous ?

— Vous rendre compte de mon enquête. C'était le désir de ma cliente...

— Je ne le souhaite pas.

— Peut-être avez-vous tort, monsieur.

— Je n'aime pas les détectives privés. Je n'aime pas les ragots. Ma petite-fille est morte, cela ne regarde que nous !

— Que dois-je faire alors ?

— Ce que vous voudrez. Brûlez votre dossier, oubliez-le, le reste m'est égal.

— C'est impossible, monsieur. Je ne peux pas brûler ou oublier un dossier comme celui-là. Je dois le remettre à la police.

— C'est du chantage ?

— Non, monsieur.

— Si vous le remettez à la police, je dirai qu'il a été fabriqué de toutes pièces, et que vous êtes venu pour me le vendre. Mon domestique sera témoin.

— Comme vous voudrez, monsieur. Au revoir, monsieur... »

Et le domestique raccompagne l'homme en pardessus et chapeau gris. A la grille, l'homme se retourne vers lui.

« Dites à votre maître que j'ai enregistré notre

conversation. Avec ce petit appareil, vous voyez ? Cela lui évitera des ennuis supplémentaires. »

Et l'homme va reprendre son train. Tandis que le grand-père Pasoli tourne en rond dans sa bibliothèque et que son petit-fils s'étire avec volupté sur le sable chaud des Bermudes...

L'homme des Bermudes n'a pas de chapeau ni de pardessus gris. Il transpire sous une chemisette de coton. Aux Bermudes, le soleil n'est agréable que dans les piscines des grands hôtels et le policier américain n'est pas venu pour se baigner.

Il est venu pour dire à l'un des clients de l'hôtel, le docteur Carlo Pasoli : « Monsieur, vos vacances sont terminées. Mes collègues italiens vous réclament. Il va falloir leur expliquer comment votre femme est morte. »

Mais, avant de faire ce petit effet, le malheureux a le temps de transpirer. Le docteur Pasoli et sa fiancée sont partis en mer, à la pêche aux requins. Ils ne rentreront qu'à l'heure des cocktails du soir, c'est ce qu'a dit le concierge. M. Pasoli occupe le bungalow 27 sur la plage. Le policier a vérifié, en se gardant bien d'annoncer ses qualités.

« Je suis un ami, je t'attendrai sur la terrasse. Merci. »

Pour ne pas avoir l'air bizarre, il a commandé un rafraîchissement et pour ne pas vider son portefeuille, il a prétendu qu'il ne déjeunerait pas. Un seul repas, ici, lui coûterait une semaine de salaire. Le docteur Pasoli est riche, très riche, ou alors il vit au-dessus de ses moyens. Peut-être compte-t-il sur l'héritage de sa femme ?

Mais le rapport de la police italienne précise que les Pasoli sont une famille riche de toute façon, et indique aussi qu'il convient de manier le docteur avec prudence, car l'autopsie est en cours. Toutes les informations recueillies sur la mort de sa femme proviennent d'un détective privé engagé par elle. Et jusqu'à plus ample informé, le docteur n'est pas considéré comme un coupable mais comme un simple suspect.

A six heures du soir, dans l'embrasement du soleil couchant sur la mer, le suspect et sa compagne arrivent en riant au bungalow numéro 27. Pour un veuf d'un mois et dix jours, le docteur se porte bien. Et la fille est splendide. Une vraie couverture de magazine. Bronzée, luisante, éclaboussée de soleil et rayonnante d'insouciance : aussi claire qu'il est sombre, aussi blonde qu'il est brun.

Vingt-deux ans contre cinquante... Un bikini minuscule contre un estomac naissant. Une crinière de sirène contre des tempes grises.

« Docteur Pasoli ? Jimmy Norfolk, police criminelle de Miami. »

Le docteur Pasoli s'est figé. Ses traits se sont durcis immédiatement.

« Qu'est-ce que vous voulez ?

— Une déposition, docteur. Voici mon ordre de mission. Je suis chargé de vous interroger sur les circonstances de la mort de votre femme...

— C'est une plaisanterie ?

— Non, une obligation, docteur.

— Et si je refuse ?...

— J'en prendrai note et nos collègues italiens décideront. Entre-temps, vous voudrez bien ne pas quitter le secteur, ainsi que mademoiselle...

— Bon. Eh bien, je vous écoute...

— Est-ce vous qui avez découvert le corps de votre femme ?

— Oui.

— A quelle heure ?

— Huit heures du matin.

— Quand l'aviez-vous quittée ?

— La veille, au dîner. Nous faisions chambre à part.

— Selon vous, de quoi est-elle morte ?

— C'est écrit sur le certificat de décès; d'un excès de barbituriques...

– Et selon vous ?

– D'un excès de barbituriques...

– En prenait-elle souvent ?

– Tous les soirs, pour dormir.

– Avait-elle une ordonnance ?

– Evidemment ! Délivrée par son médecin traitant.

– Votre propre père, je crois...

– C'est exact.

– Avait-elle l'intention de se suicider ?

– Selon toute évidence...

– L'avait-elle dit, à vous ou à quelqu'un d'autre ?

– A moi, plus ou moins.

– Pour quelle raison ?

– La jalousie. Elle refusait le divorce, et même la séparation.

– A-t-elle menacé de se suicider ce soir-là au dîner ?

– Non.

– Connaissez-vous quelqu'un qui aurait pu désirer sa mort ?

– Personne. C'est une question stupide.

– Il est possible, docteur, que votre femme ait été assassinée... C'est pourquoi je pose cette question...

– Qui prétend cela ?

– Un témoin qui a bien connu votre femme, et enquêtait pour elle.

– C'est une histoire montée de toutes pièces ! Un chantage probablement.

– Non, docteur. L'homme a déposé son dossier chez le procureur de la République qui a ouvert une information. Une autopsie est en cours. Nous en connaîtrons les résultats demain très certainement. Jusque-là, je vous demanderai de rester à ma disposition. Vous comptez rentrer en Italie bientôt ?

– Demain, si cette histoire stupide n'est pas stoppée immédiatement ! Ma femme est morte pour avoir pris trop de somnifères. Il peut s'agir d'un accident, comme d'un suicide.

– Mais vous penchez pour le suicide...

– Elle était jalouse, et déprimée... C'est une raison valable.

– Saviez-vous que votre femme vous faisait suivre ?

– Non, je l'ignorais, mais ça ne m'étonne pas. Et c'est sur le rapport d'un vague détective privé spécialiste des adultères, que la police m'accuse d'assassinat ?

– La police ne vous accuse pas, docteur, je n'ai pas dit cela, je vous interroge comme témoin principal, c'est tout.

– Et que dit ce flic ?

– En gros, il a les preuves de votre liaison avec mademoiselle et de votre intention de l'épouser. Photos et bandes magnétiques.

– N'importe qui pourrait le savoir sans être flic !

– Il affirme que votre femme n'avait pas l'intention de se suicider, mais craignait pour sa vie... Il possède une lettre d'elle précisant ces choses.

– Ridicule ! Elle voulait se venger... C'est tout ?

– Non, docteur. Ce détective possède un témoignage qui prouve que la veille de la mort de votre femme, vous avez pris dans votre cabinet un flacon d'un produit dangereux et que ce flacon n'est pas revenu à sa place.

– C'est mon infirmière qui dit cela ? La pauvre idiote ! J'ai pu prendre n'importe quoi et l'oublier, ou le casser...

– En effet, docteur. Si vous n'avez rien d'autre à ajouter, je vous demanderai de signer là. Je dois transmettre à Rome les termes de votre déposition. Puis-je interroger mademoiselle ?

– Elle n'a rien à voir là-dedans.

– Est-ce votre avis, mademoiselle ?

– Je n'ai rien à dire, en effet, sinon que nous nous aimons, et que tout ceci est destiné à nous humilier. C'est honteux. Au revoir, monsieur.

– A demain, mademoiselle, à demain, docteur. Et

ne partez pas sans avertir les autorités de votre destination. Si vous avez besoin de moi, je suis à l'hôtel de l'aéroport, chambre 20... Jimmy Norfolk, voici ma carte. »

Le lendemain, Jimmy Norfolk apprenait par téléphone que le rapport d'autopsie était parvenu à Miami, par télex.

Sans préjuger d'une contre-expertise toujours possible et contradictoire, le rapport soulignait la présence du barbiturique correspondant à l'ordonnance prescrite à la victime, mais en faible dose, insuffisante pour avoir provoqué la mort... Par contre, le médecin légiste des laboratoires de toxicologie de Milan affirmait la présence d'un poison destiné à paralyser les muscles respiratoires. Ce produit avait été injecté par voie intramusculaire, au niveau du bras gauche; la trace de la piqûre était encore visible... L'analyse en déterminait une quantité suffisante pour avoir provoqué la mort par arrêt cardiaque, en association avec les barbituriques...

Jimmy Norfolk avait donc ordre de faire procéder à l'arrestation du docteur Pasoli par les autorités de l'île, l'Italie demandant son extradition s'il refusait de se rendre à la justice de son pays...

Le docteur Pasoli a pris les choses de très haut. En refusant de répondre à la police locale d'abord, puis en prenant lui-même l'avion pour Rome, où un policier l'attendait pour lui passer les menottes. Sa jolie fiancée ne l'accompagnait pas, le soleil des Bermudes occupant tout son temps...

Le docteur Pasoli a nié. Son père a nié, son grand-père a nié. Toute la famille a nié, mordicus. Carlo était innocent, le chantage et le mauvais esprit voulaient sa peau !

Seul au procès, le père d'Irina, un vieil industriel devenu rentier, s'est retourné contre la famille Pasoli, unie et fermée.

« Je sais qu'il est coupable et je sais que vous le savez tous... Mais vous préféreriez crever plutôt que de le laisser condamner... Eh bien, il le sera ! J'en fais le serment ! »

C'est ainsi que le procès Pasoli dura cinq ans, durant lesquels la crème des experts italiens se lança des vérités scientifiques à la tête, inondant les jurés de considérations chimiques au milligramme près.

Parmi les jurés, cinq femmes : une mère de famille, une secrétaire, une ouvrière d'usine, une commerçante et une femme de chambre. Elles eurent la dent aussi dure que le leur permettait la loi.

Vingt ans au premier procès : douze ans en appel; sept en cassation dont cinq ans déjà accomplis en prévention, et deux en remise en peine.

Le docteur Pasoli, à cinquante-cinq ans, sort de prison pour demander immédiatement la révision de son procès, car il est innocent, il le maintient !

Mais le soleil des Bermudes n'est plus pour lui... et sa blonde naïade a disparu dans les piscines d'eau bleue des milliardaires.

A son âge, on ne s'appelle pas Pénélope.

« TAISEZ-VOUS, JE RÉFLÉCHIS »

IMAGINEZ que l'on vous demande de reconnaître parmi une dizaine d'hommes, numérotés de un à dix, celui qui vous aurait attaquée un mois plus tôt.

Un homme qui aurait passé cinq heures avec vous, dans une voiture, un revolver à la main. Qui vous aurait parlé pendant cinq heures, qui aurait bougé, qui aurait répondu à vos questions, avant de tuer votre compagnon et de tenter de vous tuer ensuite.

Cet homme, cet assassin, est peut-être là devant vous, du numéro un au numéro dix.

Vous êtes malade. Les violences subies, les balles dans votre corps, tout cela a peut-être troublé vos souvenirs. Vous êtes sur un lit d'hôpital et vous regardez ces dix paires d'yeux, ces dix visages. On ne vous demande qu'une chose :

« Parmi ces hommes, reconnaissez-vous votre agresseur ? »

Votre agresseur portait une sorte de mouchoir sur le visage, un chiffon qui lui cachait le nez et la bouche... la plupart du temps.

Mais, durant cinq heures, vous avez pu apercevoir au moins une fois son visage en entier. Vous l'avez aperçu quelques secondes dans l'éclat des phares d'une voiture...

« Reconnaissez-vous votre agresseur ? »

Tout est là, tout ce qui fait qu'après avoir pendu

un homme, on puisse se poser l'horrible question :
Pendu coupable ou pendu innocent ?

Le 22 août 1961, un homme et une femme vont
vivre une aventure épouvantable.

Michael Gregstone et sa maîtresse Valérie Storie
(sa secrétaire) quittent leur bureau et vont prendre
un verre dans une auberge. Ils font cela très souvent,
car Michael est marié. Sa liaison avec Valérie a ce
côté sordide des échappées en voiture après les heures de bureau. Des haltes clandestines dans la campagne ou les terrains vagues.

Ce soir-là, Michael et Valérie passent la soirée en
voiture, dans un champ isolé des environs de Londres, un champ de blé. Il est dix heures du soir. Une
main frappe à la vitre de la petite Morris.

Michael se redresse, surpris, et distingue vaguement le visage d'un homme. Il commence par baisser la glace. Avant même d'avoir terminé, Michael
voit surgir sous son nez un revolver.

« C'est un hold-up... Ne bougez pas ! Je suis
désespéré, on me court après depuis quatre mois.
Si vous faites ce que je dis, tout ira bien pour vous. »

Michael et Valérie ne réalisent pas immédiatement
ce qui leur arrive. Mais la peur paralyse Michael.

« Donnez-moi la clef de contact ! »

Valérie proteste :

« Ne la lui donne pas ! Ne la lui donne pas ! »

Michael obéit pourtant. Que faire d'autre avec un
revolver sous le nez ?

L'homme monte à l'arrière de la voiture.

« Bon. Regardez devant vous, et ne vous retour-
nez pas... Avec moi, ça ne traîne pas ! »

Il agite son arme d'un air conquérant pendant un
moment, puis restitue la clef de contact à Michael et
lui ordonne de mettre en marche. Il le guide ainsi
jusqu'à l'intérieur du champ, le fait stopper et
reprend la clef.

Le voilà maintenant qui réclame le portefeuille et les montres. Valérie ouvre son sac, retire l'argent qu'elle dissimule dans son corsage, et tend le sac à peu près vide.

L'homme ne le fouille même pas; il questionne :

« Vous êtes mariés tous les deux ?

– Non.

– Comment vous appelez-vous ?

– Michael Gregstone, Valérie Storie... »

Ainsi commence l'extraordinaire face à face qui va durer cinq heures. Cinq heures prisonniers dans une petite voiture. Avec qui ? Un fou ? Un assassin ? Un désespéré ? Impossible de se rendre compte. L'homme discute, ne s'affole pas, mais ne semble pas vraiment savoir ce qu'il veut. Puis ses exigences se précisent. Elles sont laides. Il veut voir Michael et Valérie ensemble, comme il les a vus tout à l'heure. Il exige, et Michael et Valérie, terrorisés, sont obligés de lui obéir comme dans un cauchemar. Ensuite, l'homme veut aller manger. Il pense d'abord à enfermer Michael dans le coffre par sécurité et à conduire lui-même.

Valérie fait remarquer que son compagnon étouferait avec les gaz d'échappement. L'homme examine le coffre et se range à l'avis de Valérie. C'est donc Michael qui conduira.

L'homme remonte à l'arrière, et la voiture démarre.

Arrivée dans le village, Valérie constate qu'il est 23 h 45 à l'horloge de la poste. Il y a donc près de deux heures qu'ils sont prisonniers. Le revolver ne quitte pas leur dos, l'homme fait marcher de temps en temps le cran de sûreté.

Maintenant, il veut faire le plein d'essence et donne ses ordres à Michael :

« Vous allez entrer dans ce garage, avec la voiture. Vous demanderez dix litres d'essence. Ne bougez pas, vous pouvez baisser la glace, c'est tout. Mon revolver est pointé sur vous, si vous essayez de dire quoi que ce soit d'autre ou de faire un signe, ou de lui faire comprendre, je vous descends. »

L'homme fouille dans sa poche et donne à Michael une livre, sur l'argent qu'il vient de leur prendre...

Le pompiste remplit le réservoir, tout se passe normalement, il rend la monnaie à Michael, mais l'homme la réclame.

« Passez-moi ça ! »

Il y a dix shillings et une pièce de trois pence. L'homme met les dix shillings dans sa poche, et tend la pièce à Valérie.

« Tenez ! C'est mon cadeau de mariage ! »

Etrange individu. Pendant que la voiture roule à nouveau, il discute avec Michael de cigarettes. Michael n'en a plus qu'une et voudrait fumer. L'homme dit qu'il n'aime pas fumer, mais autorise son prisonnier à s'arrêter devant un distributeur et à prendre un paquet.

« Ne faites pas de bêtises, j'ai la fille au bout de mon revolver. »

Puis le voyage reprend. On discute de voitures, l'homme déclare qu'il sait conduire toutes sortes de voitures, mais semble ne pas comprendre pourquoi Michael passe de troisième en première ! Ou il ne connaît pas la Morris, ou il ne sait pas conduire du tout. Ceci est important pour la suite.

Maintenant, il veut dormir. Il fait arrêter la voiture, et entreprend d'attacher Valérie avec ce qui lui tombe sous la main. Puis cherche autre chose pour attacher Michael.

Avisant un sac de laine, sur le plancher avant, il demande à Michael de le lui passer. Michael se baisse pour prendre le sac; se retournant à demi pour le lui passer, il lève le bras au-dessus du siège, et l'homme tire. Deux coups de feu, dans la tête.

Michael s'effondre et Valérie crie pour la première fois. Il la fait taire, avec violence :

« Arrête de crier !

– Vous l'avez tué, salaud ! Pourquoi ? Pourquoi avez-vous fait ça ?

– Il m'a fait peur, il a bougé trop vite, j'ai eu peur...

– Pour l'amour de Dieu, laissez-moi conduire, laissez-moi l'emmener chez un médecin !

– Restez tranquille. Je réfléchis ! »

Pendant plus d'un quart d'heure, l'homme et Valérie discutent. Michael est-il mort ou non ? Faut-il aller chercher du secours ou non ?... Valérie détache ses liens, d'ailleurs mal fixés, ils sont face à face tous les deux dans l'ombre de la voiture...

Tout à coup, de but en blanc, l'homme semble repris par ses mauvais instincts. Il veut Valérie. Pour lui, cette fois.

A ce moment-là, il a retiré le mouchoir qui couvrait le bas de son visage... Une voiture les croise et pendant deux ou trois secondes, Valérie distingue ce visage dans la lumière des phares... S'en souviendra-t-elle ?

L'horreur d'une telle aventure peut agir différemment selon les individus. Le visage d'un homme qui vient de tuer sous vos yeux, qui vous a obligé au pire, qui exige à nouveau le pire..., ce visage sera-t-il inoubliable à jamais ? Inscrit dans le souvenir comme une obsession ? Ou bien va-t-il disparaître et se fondre dans le cauchemar, en traits brouillés, en yeux sans couleur ?...

Les phares se sont éloignés. Dans l'ombre, Valérie supplie, recule; la scène est longue, insupportable et irracontable. Des minutes, des heures. Et puis, Valérie supplie l'homme à nouveau de la laisser partir. Il la fait taire :

« Taisez-vous, j'ai besoin de réfléchir. »

Il oblige Valérie à reprendre sa place à l'avant et pense tout haut :

« Je crois que je ferais bien de vous donner un coup sur la tête ou quelque chose comme ça... Sinon, vous irez chercher du secours...

« — Non, je n'irai pas, je ne bougerai pas. Allez-vous-en... Tenez, prenez mon argent... »

Et Valérie tend misérablement un billet d'une livre qu'elle avait réussi à cacher dans son imperméable. Elle est debout sur le bord de la route. L'homme prend le billet... et commence à s'éloigner. Puis, à huit ou dix pas, il s'arrête, fait brusquement volte-face et tire... deux, trois balles. Valérie s'effondre. Elle entend le déclic de l'arme qu'on recharge, puis à nouveau trois coups de feu.

Valérie ne bouge plus. Elle n'est pas morte mais elle a encore le réflexe de faire la morte, avec cinq balles dans le corps.

L'homme se rapproche, la touche du pied, puis de la main, il doit la regarder un moment avant de se précipiter vers la voiture et de tirer le corps de Michael à l'extérieur. Les portières claquent et il démarre comme un bolide.

A l'aube du 23 août 1961, un étudiant découvre les deux corps.

Valérie est presque mourante, mais elle survivra. elle a tenté de rassembler des cailloux pour écrire sur la route une description de son agresseur, sans y réussir. Quand l'étudiant se penche sur elle, elle arrive à balbutier, selon le témoin :

« Grand comme moi à peu près... de grands yeux fixes, des cheveux blonds... »

L'étudiant note ces renseignements sur un bout de papier qu'il remettra à la police...

Or, au moment où l'enquête démarre, ce bout de papier a disparu, et on ne le retrouvera jamais. Ce n'est pas grave puisque Valérie est vivante.

Une Valérie infirme, malgré une série d'opérations douloureuses, à qui, un mois plus tard, sur son lit d'hôpital, on demande d'identifier dix hommes numérotés de un à dix, alignés devant elle. Parmi eux, un suspect...

« Reconnaissez-vous votre agresseur ? »

Valérie ne dit rien pendant cinq minutes. Elle est

133

très pâle, mais semble calme. Lentement, elle scrute les visages... Enfin, elle chuchote quelque chose à l'oreille d'un policier...

« Numéro quatre... »

Et le numéro dix pousse un soupir de soulagement.

Oui, il pousse un soupir de soulagement, le numéro dix... Il s'appelle Alphon. Il est là au terme de l'enquête forcenée que vient de mener Scotland Yard pour découvrir l'horrible agresseur.

Sur les indications de deux témoins, on a d'abord recherché un homme aperçu au volant d'une voiture Morris, le matin du 24 août. Cet homme conduisait de façon désordonnée. De plus, une recherche faite dans les hôtels et garnis de Londres a permis à la police de retrouver dans une chambre du Vienna Hotel, deux douilles vides correspondant à l'arme du crime. Le locataire de cette chambre, ce n'est pas Alphon mais il a habité l'hôtel... Scotland Yard s'est donc décidé à publier son nom le 22 septembre avec la mention : « Cet homme est susceptible d'aider l'enquête. »

Alphon découvre l'information dans le *Daily Express* du soir. Il téléphone immédiatement au journal et à minuit, se rend à Scotland Yard.

C'est un homme de trente et un ans, aux cheveux bruns, gominés, coiffés en arrière et aux yeux profondément enfoncés dans les orbites. Les sourcils sont très bas, le front large...

Il porte le numéro dix le jour de l'identification... Et Valérie désigne le numéro quatre... qui n'a rien à voir avec l'affaire. Alphon, qui a été gardé à vue pendant trente-six heures, est donc relâché. Pourtant, une autre accusation pèse sur lui. Une autre femme l'accuse en effet de tentative de viol et d'agression. Et il sera jugé pour cela. Jugé et relaxé, bien que la femme l'ait parfaitement reconnu...

Bizarre. Mais Alphon est un être bizarre. L'enquête se poursuit, et l'on découvre une contradiction totale dans les renseignements fournis par Valérie.

Elle aurait dit au début : « L'homme avait les cheveux blonds et de grands yeux glacés »... Or, voilà qu'elle ne se souvient plus d'avoir dit cela. D'après ses indications récentes, l'homme aurait maintenant les cheveux bruns. En ne reconnaissant pas Alphon, elle a pourtant désigné un homme qui lui ressemble vaguement...

Que s'est-il passé ? Les premiers mots confiés à l'étudiant, notés par lui sur un petit papier, disaient pourtant : « Cheveux blonds, yeux glacés. » Ce papier a disparu et Valérie ne se souvient de rien...

Pendant ce temps la police recherche activement le locataire de la chambre où l'on a trouvé les douilles vides... Un faux nom : James Ryan; en réalité un certain Hanratty, un voleur, un petit voleur en fuite que Scotland Yard traque pendant un mois.

Se sachant recherché, Hanratty téléphone à Scotland Yard, il jure ses grands dieux qu'il n'a rien à voir avec ce crime, mais qu'il ne peut pas se rendre... Son casier judiciaire et divers avis de recherche pour hold-up lui vaudraient de toute façon la prison.

Ce petit jeu de coups de téléphone entre Scotland Yard et Hanratty dure quelque temps, jusqu'au jour où, le 13 octobre (deux mois après le crime), il est arrêté dans un café.

Les charges qui pèsent contre lui sont importantes : il habitait l'hôtel sous un faux nom, la veille du crime; dans la chambre qu'il occupait on a trouvé des douilles vides; deux témoins le reconnaissent comme le conducteur d'une Morris qu'il conduisait comme un fou, dans la matinée après le crime...

Beaucoup plus grave encore : Hanratty le voleur a l'habitude de cacher son butin sous le siège des autobus. Ce fait est connu de la police. Or, on vient de retrouver l'arme du crime, un calibre 38, sous le siège d'un autobus de Londres.

Nouvelle confrontation pour Valérie, toujours à l'hôpital. Cette fois, Hanratty est le suspect parmi treize hommes nouveaux que l'on présente au souvenir de la jeune femme. Valérie, à demi paralysée, se remet lentement. Elle n'a que vingt-deux ans...

Du numéro un au numéro treize, son regard refait le même chemin anxieux, longuement. Puis elle demande à chacun des hommes de prononcer une phrase. Une phrase que l'assassin a dite à plusieurs reprises pendant l'horrible nuit. Il a dit : « Tenez-vous tranquille, je réfléchis. » Chaque homme, à son tour, prononce devant Valérie :

« Tenez-vous tranquille, je réfléchis. »

Un seul parmi eux prononce la phrase avec un accent cockney. Valérie demande une nouvelle tentative à chacun. Même résultat. Cette fois, Valérie réfléchit plus longuement. La première séance d'identification, un mois plus tôt, a été désastreuse, elle le sait, elle n'a pas le droit de se tromper.

Au bout de vingt minutes, son bras se lève sur le drap blanc de son lit d'hôpital et désigne sans trembler, dans un silence absolu, la silhouette d'Hanratty, le nouveau suspect numéro un.

Elle est sûre d'elle. Cet homme est celui qui a tué son amant, c'est le visage aperçu trois secondes dans les phares d'une automobile. C'est sa voix. Cette voix qui a entretenu sa peur durant toute une nuit. Valérie secoue la tête avec obstination à chaque précision que lui demande la police.

C'est lui... C'est lui... C'est lui.

James Hanratty, à peine plus de vingt ans... un mètre soixante-cinq, yeux bleus, regard fixe, cheveux blond châtain peignés en arrière. Il ressemble assez curieusement, il faut le dire, au premier signalement donné par Valérie. Et c'est le coup de grâce pour lui.

A partir de cet instant, sa culpabilité ne fait aucun doute pour la police, même si aucune empreinte ne vient définitivement le confondre. Il portait des gants. Les alibis qu'il donne pour la nuit du crime sont fragiles et facilement contestés.

L'un de ses complices redira au procès qu'il parlait souvent des cachettes sous les fauteuils d'autobus. Ceci, pour le revolver.

Les témoins le reconnaissent et un mouton placé dans sa cellule recueillera même ses soi-disant aveux. Et pourtant, James Hanratty proteste de son innocence. Il niera jusqu'au bout. Jusqu'au refus de sa grâce. Jusqu'au jour d'avril 1962, où il refuse de se confesser au prêtre avant de rejoindre le bourreau.

On a pendu James Hanratty, et tout commence...

Voilà que le premier suspect, le dénommé Alphon, prétend qu'il est coupable.

En 1962, un mois après l'exécution d'Hanratty, Alphon remet à une tierce personne des aveux complets. Cet étrange personnage, dont le moins que l'on puisse dire est que son attitude est contradictoire, donne à présent tous les détails sur « son crime », y rajoute un scénario qui parle de complot, qui fait de lui un tueur à gages payé par la famille de Michael pour le supprimer ainsi que Valérie. Et ceci pour mettre fin à leur liaison scandaleuse.

Le Parlement en discutera, les journaux publient ses déclarations, la télévision organise une émission durant laquelle Alphon réitère ses aveux avec aplomb. Il tient une conférence de presse à Paris, en 1967...

Que cherche-t-il ? A dire la vérité ? La police et la justice anglaises ne le croient pas. On pense que cet homme est un fabulateur, qui ne risque rien d'ailleurs, puisque la chose est jugée.

« Il veut, dit Scotland Yard, faire parler de lui, et s'attribuer d'horribles exploits. Son équilibre mental est précaire. »

Il a pourtant réussi à semer le trouble dans l'esprit de beaucoup. Et ceci pour une raison essentielle : les premières contradictions du seul témoin vivant, Valérie Storie.

A-t-elle vraiment reconnu son agresseur ? Pourquoi était-il blond, puis brun ?... Pourquoi a-t-elle désigné une première fois un inconnu alors qu'Alphon était présent, et suspecté ?

Lors d'une confrontation à la B.B.C. qui fit couler beaucoup d'encre, Valérie a pourtant ignoré Alphon et maintenu que James Hanratty était le coupable. Elle l'a reconnu formellement.

Elle seule le sait. Du plus profond de sa terreur et de sa vie gâchée, Valérie seule peut savoir si elle a désigné pour la potence le bon numéro. Tout dépendait d'elle. Tout dépendait de l'affreuse image gravée ou non dans son cerveau.

La peur peut déformer le souvenir, l'effacer même. Elle peut aussi le rendre inoubliable.

Mais quand le bourreau a fait son office, tous les mots, tous les livres, toutes les émissions de télévision, tous les débats du monde n'y peuvent plus rien.

UNE AFFAIRE
ENTRE PAOLO ET DIEU

Un visage comme une lune pâle. Des traits si fins qu'ils semblent inexistants et deux yeux sombres, lumineux.

Dans la faible clarté des cierges, le jeune homme a levé son visage vers l'autel. La cathédrale est l'une des plus belles de France. La messe de Requiem l'envahit tout entière. Orgues, chœurs, résonances, le souffle tragique de cette musique d'un autre monde serre la gorge du jeune homme. Deux larmes ont brouillé son regard un instant. Elles glissent à présent le long de ses joues et rejoignent la bouche mince.

Paolo connaît bien ce goût de sel. Il a le cœur serré, la gorge serrée, il étouffe, il voudrait crier ou chanter, il voudrait exploser de mille manières. Il voudrait voler, atteindre ces voûtes, planer dans la lumière de ce vitrail rouge et bleu, devenir l'ange multicolore et invisible qui dominerait les fidèles assemblés. Il voudrait être Dieu.

Mais il n'est qu'un maigre séminariste. Cette cathédrale n'est pas son église et ce mort que l'on encense, il ne le connaît même pas. Il est entré là par hasard comme un touriste d'enterrement, pour y faire l'une de ses innombrables prières quotidiennes. Il s'est dit à lui-même :

« Entre là, Paolo, mon fils. Va prier pour ce bourgeois qu'on mène en terre dans les fleurs et la musique. Va prier pour sa pauvre petite âme d'humain misérable. »

Et la drogue, sa drogue, a fait son effet. Il s'est agenouillé sur les dalles froides. Il a senti la prière meurtrir ses os maigres. Le froid de la haute voûte est tombé sur lui. Il a levé vers l'autel un visage pâle de Pierrot lunaire et extatique.

Longtemps après que l'orgue s'est tu, longtemps après que le lent piétinement des fidèles est passé, longtemps après la fin du jour... Paolo Pasini est sorti de sa nuit. Vidé, léger, transparent, pur et pourtant rassasié d'un curieux plaisir.

« Nom : Pasini; prénom : Paolo. Age : vingt-huit ans. Etudes universitaires : diplôme de langues orientales, trois ans de séminaire à Vérone. Fils unique de Celio Pasini, industriel, et de Rossana, son épouse, sans profession. Milieu catholique pratiquant. Pas de religieux, homme ou femme, dans sa famille. Fortune moyenne, caractère orgueilleux et renfermé. Tempérament mystique. A déjà postulé une première fois à l'ordination. Malgré des examens théoriques concluants, refusé par la Commission. Motif à l'unanimité : mysticisme incompatible, manque d'humilité... »

Paolo Pasini se tient debout près de la porte. Il a obtenu d'être reçu par l'évêque. Il sait que le dossier ouvert sur le bureau du saint homme est le sien. Ce qu'il ne sait pas, c'est ce qu'il contient vraiment, car il ne peut pas admettre les raisons données par son confesseur :

« On ne devient prêtre que dans l'humilité et la simplicité, a-t-il dit. Le plus brillant en théologie peut être un mauvais curé. Le plus intelligent des universitaires, le plus doué des séminaristes, n'entre pas comme il veut dans l'Eglise. Croire en Dieu ne veut pas dire que l'on est son égal. »

Paolo Pasini veut savoir le reste. Ce jugement

d'un vieux confesseur ne peut pas être la vraie raison...

Derrière le bureau sévère, l'évêque regarde ce grand garçon maigre et ascétique. Il s'apprête à calmer une juste déception.

« Mon fils, il faut savoir accepter humblement et reconnaître ses vérités. Je ne peux, et ne dois pas, intervenir dans les décisions de vos maîtres. Il ne m'appartient pas bien sûr de juger votre vocation. Par contre, je peux peut-être vous aider à comprendre en quoi elle n'est pas décisive. On peut être un homme de Dieu sans être prêtre... Votre destin est ailleurs. Vos qualités...

— Je ne peux pas accepter, Monseigneur. Et personne n'est juge de ma vocation, c'est vrai. Personne à part Dieu. Dieu seul sait que je suis son fils. Par deux fois, on me refuse l'ordination... Qui sont-ils, ceux-là qui me jugent indigne du sacerdoce ? Je vous en prie, écoutez-moi. Ne me rejetez pas. Depuis l'âge de sept ans je me suis promis à Dieu. Toute ma vie, toutes mes pensées sont tournées vers lui. Je n'ai vécu que dans son ombre. Prêtre, je le suis déjà, sans l'intervention des hommes... De quoi m'accuse-t-on ? De trop de piété ?

— Là n'est pas la question. Mais peut-être en effet...

— La prière n'est pas un péché !

— La prière n'est pas tout, mon garçon, même chez nos frères trappistes.

— Monseigneur, je crois à une cabale, une jalousie.

— Vous savez bien que non. Ne vous laissez pas emporter.

— Je veux être prêtre.

— On ne dit pas « je veux » à Dieu, mon fils !

— Ce n'est pas à Dieu que je m'adresse, mais à vous. Vous pouvez quelque chose.

— Non seulement je ne peux rien, mais si je pouvais, je ne ferais rien. Calmez-vous. Notre communauté ne vous écarte pas, bien au contraire. J'ai parlé de votre cas... On vous estime. Votre culture et vos capacités peuvent être mises au service d'une grande tâche. Nous avons besoin d'hommes comme vous à la bibliothèque vaticane. Vos études vous autorisent à y postuler. Et j'appuierai votre demande cette fois. Car je suis sûr que votre travail y sera apprécié. Qu'en pensez-vous ?

— Vous croyez me consoler en me vouant à être rat de bibliothèque et classeur de volumes ? C'est là ma vocation ?...

— Pour l'instant...

— Dites-moi la vérité, je vous en prie...

— Quelle vérité ?

— Pourquoi ? Pourquoi les autres, Schiaffino, Morelli, et pas moi ?

— Il n'y a pas de vérité. Vos maîtres ont pensé en leur âme et conscience que vous aviez, disons, un peu trop personnalisé votre foi. Votre âme est trop fragile pour en soigner d'autres. C'est pour votre bien...

— Alors je ne serai jamais prêtre ? Jamais ?

— Je préfère que vous y renonciez, et de vous-même. Faites-nous confiance, Paolo Pasini. Et revenez me voir dans quelques semaines. »

Paolo Pasini croise ses deux longues mains blanches avec nervosité. Son costume noir vient d'un très bon faiseur. Sa cravate noire est en soie, mais discrète, ses chaussures d'un cuir souple. L'évêque croit savoir que cet enfant gâté de Paolo Pasini n'aura guère de mal à oublier sa déception.

Ce en quoi il se trompe. Comme tout homme se tromperait d'ailleurs à sa place. A moins d'être psychiatre, et encore.

Ainsi Paolo Pasini ne deviendra pas le Père Pasini. C'est fini. Durant des années, à force d'études et de conviction, à force de prières et de méditations, le jeune Paolo s'y était cru. Il aimait l'atmosphère des églises, l'odeur âcre des cierges, le dos courbé des fidèles. Il se voyait distributeur de sacrements, faiseur de sermons, confesseur, pardonneur, il se voyait Dieu parmi les hommes...

Pour être digne de sa mission, Paolo avait mis toutes ses forces et toutes ses facultés dans l'étude. Des années entières d'un sacerdoce inutile. Et à vingt-huit ans, plus rien ne ressemblait à rien. La vie était un chemin désert. Paolo Pasini se retrouvait bibliothécaire au Vatican, maigre rat d'une bibliothèque monstrueuse, fonctionnaire et gratte-papier d'un royaume dont il espérait être l'un des pairs.

Durant des années, Paolo Pasini classe, lit et met en fiches. Mais durant des années, il raconte à son père et à sa mère :

« Je suis le dépositaire des plus grands trésors du monde. La bibliothèque du Vatican est la plus riche, la plus secrète, la plus formidable de toutes. C'est un grand honneur pour moi d'en être le gardien. Je prépare une série d'ouvrages qui feront du bruit au Vatican. »

Et maman Pasini, émue, de caresser les cheveux de son fils.

« Un garçon si bien élevé, si instruit, qui parle huit langues. Il a même fait l'école de la prêtrise pour mieux connaître son sujet... »

Quant à papa, son admiration n'a de bornes que son regret :

« Mon fils aurait pu être un grand industriel, il aurait pu me succéder et développer les affaires. Au lieu de cela, il s'est consacré à la religion. Dieu l'a choisi, je n'y peux rien. C'est un grand érudit, un penseur, un philosophe chrétien. Il parle douze langues ! »

Paolo Pasini ne parle que quatre langues : la sienne, le latin, le grec et l'hébreu. Mais il ne relève même pas les exagérations de ses parents. Leur admiration lui est plus que nécessaire et il doit l'entretenir, sans quoi, arrivé à trente-cinq ans, il ne serait que ce qu'il est : un vaniteux aux ambitions futiles, un prêtre râté, un fils de bourgeois inutile...

Alors il continue. Et il s'adapte comme il peut à la médiocrité de son emploi, en proposant à la sagacité du monde ecclésiastique des ouvrages fumeux : *De la messe basse et des rites particuliers de l'Eglise... Essais sur l'archivistique vaticane...* ou *Statistiques épiscopales des premiers siècles à nos jours,* en trois volumes.

La critique est aisée, dit-on, et l'art est difficile... Quoi qu'il en soit, l'accueil fait à ses œuvres n'est pas celui qu'il escomptait...

Paolo Pasini, auteur méconnu, contemple ses travaux, ronéotypés sous une couverture médiocre. Ils ne feront pas le tour des facultés. Devoirs méritants, certes, mais à classer au rayon des manuscrits inédits, et qui le resteront.

Chaque samedi soir, en allant chez ses parents, Paolo fait une halte dans l'église du quartier. Lui qui a visité toutes les cathédrales du monde, au temps de sa folle passion, n'a plus que ce refuge. Une église de béton glaciale et sans joie, où il a de plus en plus de mal à trouver l'extase.

Et ce soir-là est le dernier soir. Un joli soir d'été italien, qu'il ne remarque pas. Agenouillé, seul dans l'église, son pâle visage levé, Paolo Pasini prie de toutes ses forces. Il prie à en avoir mal.

Autour de lui, quelques femmes en fichu, parsemées çà et là au hasard des bancs, immobiles et murmurantes. Un pas qui résonne sur le ciment, une porte qui grince vers la sacristie, Paolo entend tout, voit tout, plus rien ne le transporte. Le temple est un désert, Dieu n'existe plus. Paolo n'est plus rien qu'un visage levé vers le ciel, comme une question sans réponse.

Il s'en va en effleurant la vasque d'eau bénite d'un doigt distrait. Dehors, il regarde les passants d'un œil neuf, des hommes comme lui, des femmes. Il ne sait pas ce que c'est qu'une femme. Mais c'est sans intérêt, ce soir, il dîne chez ses parents.

Paolo Pasini dîne chez ses parents tous les samedis soir. Comme un bon fils. A dix heures, il rentre chez lui, une pension de famille pour messieurs seuls, à cent mètres du Vatican.

Paolo se lave les mains dans une fontaine publique. L'eau est rouge. Quelqu'un se penche vers lui :

« Vous vous êtes blessé ?

— Ce n'est rien. Je me suis coupé tout à l'heure...

— Voulez-vous que je vous aide ?

— Non, merci, ce n'est pas grave. »

Paolo va prendre une valise chez lui. De la main gauche, il la bourre de quelques vêtements. Dans le taxi, le conducteur demande :

« Vous vous êtes fait mal à la main ? Ça saigne !

— Oui, mais ce n'est pas très douloureux.

— Vous devriez vous faire soigner. Vous allez à la gare ? Il y a un bureau sanitaire, ils vous feront un pansement... »

A la gare, Paolo dit à l'infirmière :

« Dépêchez-vous, je prends le train pour Naples.

— Il vous faudrait des points de suture, monsieur...

— Un pansement suffira, je verrai ça à Naples. »

Paolo Pasini, comme le Petit Poucet, a laissé des marques de son passage, des marques sanglantes. Mais il ne va pas à Naples, il monte dans un train international.

« Où résiderez-vous en Allemagne, monsieur ?

— Je fais une retraite dans un couvent de Düsseldorf... »

A Düsseldorf, la porte du couvent est close. Monsieur le supérieur ne reçoit que sur rendez-vous. Le concierge est fermement désolé...

« Je m'appelle Paolo Pasini. Votre supérieur m'a convié pour un séjour de quelques semaines, à la fin de l'année. Je désire le rencontrer dès aujourd'hui.

De graves raisons m'ont fait avancer mon voyage. J'insiste... »

Le supérieur le reçoit. C'est un homme sévère, il parle l'italien avec un fort accent germanique...

« Je ne vous attendais pas maintenant. J'ai consenti à vous recevoir, mais vous comprendrez que je ne puisse pas vous héberger. Nous avons peu de chambres. En quoi puis-je vous aider ?

– Mon père, je suis un criminel. Protégez-moi ! Aidez-moi ! Il le faut. »

Paolo s'est jeté à genoux, les bras en croix. Il implore :

« Ne me rejetez pas. Entendez-moi en confession, je vous en supplie...

– J'ignore de quel crime vous vous accusez, monsieur, mais votre confesseur habituel serait plus apte que moi à vous entendre... Relevez-vous.

– J'ai tué, mon père. J'ai commis le crime le plus épouvantable : j'ai tué mon père et ma mère...

– Calmez-vous. Je ne peux rien pour vous, il faut vous rendre à la police.

– Ce n'est pas l'affaire de la police. C'est une affaire entre Dieu et moi ! Je veux me confesser.

– Je refuse. C'est mon droit, vous le savez...

– Alors, vous m'écouterez quand même. Vous m'écouterez de force. Regardez cette main !... C'est elle qui a tué !... »

Paolo arrache le pansement qui recouvrait sa main droite. La paume en est tailladée profondément. Il la regarde avec horreur et admiration tout à la fois...

« C'est ma main, c'est elle qui l'a fait... Je suis entré dans la cuisine, j'ai pris deux couteaux énormes, puis je suis allé dans la salle à manger... « Bon- « soir, maman... ne vous dérangez pas, fermez les « yeux, c'est moi Paolo, je viens vous embrasser »... Et j'ai frappé partout, à la tête, à la poitrine, au ventre. Elle pleurait, vous savez, c'était étrange... Je l'ai laissée là dans son fauteuil, et je suis allé vers le bureau de mon père. Il lisait le journal, il ne m'a pas entendu arriver. Il s'est à peine débattu. Il est mort presque tout de suite...

« Je suis parti. La maison était vide. La bonne n'était pas là, elle n'est jamais là le samedi. C'était étrange, étrange... Je me sentais mieux. Je me sentais vivant... Je n'avais peur de rien. Dieu était avec moi, vous comprenez ? Je l'avais perdu, et il était là à nouveau !

– Ne blasphémez pas ! Dieu ne peut pas être avec les criminels. »

Paolo, surpris par le ton sec du père supérieur, se relève :

« Vous ne voulez pas m'aider. Vous ne voulez pas me confesser ? Vous ne voulez pas ! Vous êtes tous les mêmes ! Mais pour qui vous prenez-vous ? Pour des êtres supérieurs ?

– Asseyez-vous et taisez-vous, je vais avertir la police maintenant, que vous le vouliez ou non !

– Ça m'est égal. Vous me devez protection. Je suis ici dans la maison de Dieu. »

Trois jours après son crime donc, Paolo Pasini faisait l'objet d'un mandat d'arrêt international, alors que la police italienne le cherchait à Naples, après avoir entendu tous les témoins. Celui de la fontaine, celui du taxi, celui de la gare...

Sa mère n'était pas morte. Frappée d'une dizaine de coups de couteau, à soixante-dix ans, elle avait seulement perdu connaissance... L'arrivée d'une voisine l'avait sauvée d'une mort certaine... Et c'est elle qui avait dit :

« C'est Paolo... »

Son fils avait raté aussi son double crime. Il n'était capable de faire les choses qu'à moitié, décidément.

Le père supérieur du couvent de Düsseldorf a déclaré :

« C'est un fou mystique. Il voulait se confesser pour protéger son crime par le secret de la confession et rester ici, au monastère, jusqu'à la fin de ses jours s'il le fallait... Il croyait vainement que tout allait marcher ainsi. Quand la police est arrivée il s'est réfugié derrière moi en criant : « Il ne parlera « pas. C'est le secret ! Le secret de la confession ! « Dieu seul est au courant ! Dieu et moi ! » mais j'avais refusé de l'entendre en confession, j'étais donc libre.

Paolo Pasini, devenu fou, a refusé de revoir sa mère. Mais il ne cesse de réclamer un prêtre. Ce que l'administration lui refuse absolument, étant donné qu'il a sauté à la gorge du premier qui s'est présenté dans sa cellule.

Le jugement des hommes sera donc difficile.

Quant à celui de Dieu, c'est une affaire entre Paolo et lui.

LA CASQUETTE DE JÉRÉMIE

Un commissariat de police n'est pas un confessionnal. Un commissariat de police n'a rien à voir avec le cabinet d'un psychiatre ! Et l'agent de garde n'est pas S.O.S.-service, prêt à écouter n'importe qui raconter ses problèmes.

En gros, c'est ce que vient de faire comprendre le planton à Jérémie Ulster...

Et Jérémie s'est assis sur le banc de bois, entre deux belles de nuit et un clochard gâteux...

Il regarde l'heure : vingt-trois heures quarante, la date – sur le calendrier des œuvres de la police : 5 décembre 1956... puis il regarde à nouveau le planton :

« Je m'en fous. J'attendrai le commissaire...

– A ton aise, bonhomme... mais tu as intérêt à lui raconter quelque chose d'intéressant, sinon je voudrais pas être à la place de ta casquette !

– Qu'est-ce qu'elle a ma casquette ? Elle ne vous plaît pas, ma casquette ?

– Ecoute ! tu vas pas recommencer avec tes histoires de casquette... On a autre chose à faire. Tu fais une déposition ou tu viens porter plainte contre quelqu'un, et on t'écoute, ou alors on te flanque à la porte.

– Je veux parler au commissaire ! Y a bien un commissaire ici ?

– Il est occupé !

– J'ai dit que je l'attendrai...

– Mais, bon sang de bois, qu'est-ce que tu veux ?

– Je vous l'ai dit : c'est rapport à ma casquette... mais vous voulez pas m'écouter, alors j'attendrai le commissaire... »

L'agent de service est énervé. Le planton en a marre, les belles de nuit ricanent et le clochard gâteux se permet une plaisanterie gâteuse :

« Hé ! mon gars, je vais te faire un aveu, ta casquette tu l'as sur la tête ! Et heureusement, sans ça on entendrait siffler les courants d'air sous ton crâne... »

Jérémie devient tout rouge et se jette sur le clochard, lequel se réfugie dans les bras de sa voisine, qui hurle au secours.

En une seconde, le charivari est tel que le commissaire claque la porte de son bureau avec rage :

« Et alors, qu'est-ce que c'est que cette foire ? »

Le temps de démêler tout le monde, et Jérémie s'avance, un sourire d'espoir sous la moustache :

« Vous êtes le commissaire ? Bonjour, monsieur le commissaire... Il faut que je vous parle, je vous en prie, laissez-moi vous parler, s'il vous plaît !

– Qu'est-ce que c'est, qu'est-ce que c'est ? Planton, qui est cet homme ?

– Un dingue, commissaire, il dit qu'il veut parler de sa casquette, et qu'il veut étrangler sa femme !

– Eh bien, envoyez-le au calme, bon sang ! Appelez les infirmiers ! »

Jérémie se met à genoux, sa casquette à la main, comme en prière...

« Monsieur le commissaire, m'envoyez pas chez les fous. Je veux vous parler, il faut que je vous dise, c'est ma femme, elle veut pas que je mette ma casquette ! »

Mais le commissaire a reclaqué sa porte et les agents ont téléphoné. L'ambulance est déjà partie... Routine...

Jérémie Ulster a-t-il encore une chance d'expliquer son histoire de casquette ? Oui, mais est-ce bien une chance ? Pauvre Jérémie, saucissonné comme un boudin dans une camisole, dépouillé de ses vêtements et de sa casquette, il va subir ce qu'on appelle le traitement provisoire.

Une douche (froide), une piqûre (calmante) et pour le reste, le médecin verra demain, à la visite. Au secrétariat de l'hôpital, une infirmière examine les papiers du nouveau :

« Ulster, Jérémie, né en 1904, en Cornouailles, côté anglais, nationalité française, domicilié à Paris, rue du Petit Pont, n° 26. » Voilà pour la carte d'identité.

Livret de famille : « Epoux de Valentine Rallet, père de quatre enfants, neuf ans, sept ans, cinq ans, trois ans... profession, magasinier. »

Dans le portefeuille usé, se trouve aussi un certificat de démobilisation, délivré au soldat français Ulster Jérémie, le 12 avril 1945, et un autre certificat bien plié, bien usé, daté de Cayenne, en 1939, attestant que le détenu Ulster Jérémie, matricule 547, est autorisé à regagner la France, ayant accompli son temps de relégation, soit vingt ans dont cinq ans de remise de peine pour bonne conduite, ceci afin de remplir son devoir de soldat.

Il y a aussi une fiche de paie, assez maigre, une carte postale vierge représentant un port avec des bateaux, un porte-bonheur en pattes de lapin, et deux billets de cinq francs.

Tout la vie de Jérémie Ulster en résumé. Mais de quoi a-t-il l'air cet Anglo-Français, ex-bagnard, ex-soldat de cinquante-deux ans ?

Pour l'instant, d'un chien mouillé. Tout maigre sous la douche glacée, tout nu sous le regard des infirmiers, Jérémie grelotte sans protester. Ses yeux bleus pleurent de froid et d'humiliation, sa barbe courte ruisselle et sa moustache dégouline, mais il n'a rien d'un fou furieux. Des traits réguliers, vieillis prématurément, le front et le menton têtus, on sent chez cet homme l'habitude des brimades et de la résignation, le courage devant l'humiliation.

Il enfile sagement l'épaisse chemise de toile qu'un infirmier lui jette. Il se laisse piquer la fesse droite sans commentaire et s'endort sur le matelas de sa cellule. Les cellules, il connaît. Toutes les cellules, de tous les genres et de toutes les couleurs... Il n'y a rien à faire contre les cellules. Sinon attendre que leur porte s'ouvre.

Le lendemain, en début d'après-midi, Jérémie Ulster est conduit à la visite médicale. Un peu vaseux, et le ventre creux, il attend son tour dans une sorte de salle d'attente, en compagnie de deux ou trois nerveux, prisonniers comme lui.

Le médecin qui l'examine est un homme âgé qui a entendu tant de discours bizarres dans sa carrière, que plus rien ne l'étonne. Jérémie n'a rien d'étonnant d'ailleurs. Sa voix est calme, son maintien normal, seuls ses propos sont un peu curieux, mais sans plus.

« Toubib, je voudrais ma casquette, s'il vous plaît... Ils m'ont pris ma casquette, et toutes mes fringues, mon pantalon et tout, mais je m'en fiche, je voudrais seulement ma casquette, s'il vous plaît...

— Elle est importante cette casquette ?

— Pour moi, oui... Pour ma femme ou pour vous, sûrement pas, mais j'ai décidé de mettre une casquette, je vois pas pourquoi on m'en empêcherait !

— Qui vous en empêche ?

— Ma femme... Elle ne veut pas... C'est ce que je voulais expliquer au commissaire de police, mais ils m'ont pris pour un fou... C'est pour ça que je suis là... Mais je suis pas fou, vous voyez bien...

— Quel rapport y a-t-il entre votre casquette et la police ?

— J'avais besoin de me confier à quelqu'un. Je voulais parler, quelque chose m'étouffait. Ça m'a pris hier soir, alors je me suis dit : « Jérémie, va voir

« les flics, et dis-leur, ça t'évitera de faire une
« bêtise... »

– Quelle bêtise ?

– J'avais envie de tuer ma femme ! Elle m'énerve,
si vous saviez, toubib ! Mais c'était juste une envie
comme ça, ça m'a passé maintenant. C'est votre
piqûre sûrement.

– Et vous vouliez raconter ça à la police ? Pourquoi ?

– Ben, je savais pas à qui le dire. Et puis en le
disant aux flics, j'étais sûr que l'envie me passerait.
Je suis pas fou tout de même. Si vous dites aux flics
que vous avez envie de tuer votre femme, et que
vous la tuez après, ils savent tout de suite que c'est
vous le coupable, pas vrai ?

– Et le fait de le dire vous empêche de le faire,
c'est ça ?

– C'est ça, toubib. Mais ils ont pas voulu m'écouter, et ils m'ont emmené ici...

– Mais pourquoi vouliez-vous tuer votre femme ?

– A cause de ma casquette. C'est une casquette de
marin. J'aime bien les marins, je voudrais devenir
marin, mais elle se fiche de moi...

– Vous avez toujours envie de la tuer ?

– Mais non... Dites, toubib, je suis pas le mauvais
gars. J'ai déjà eu assez de misères dans ma vie, et si
je pointe pas au magasin, je vais me retrouver chô-
meur, j'ai quatre gosses à nourrir, moi, vous allez
pas m'enfermer, hein ? »

Et si. Pas pour longtemps, mais tout de même, on
enferme Jérémie Ulster. Juste le temps de vérifier si,
par hasard, l'ancien bagnard ne serait pas un récidi-
viste du crime.

Cela ne prend que trois jours. Trois jours de cellule et de piqûres calmantes, et le quatrième jour
Mme Jérémie Ulster en personne vient récupérer son
mari au secrétariat de l'hôpital, une rencontre qu'il
faut examiner de près, si l'on veut connaître la vérité
sur Jérémie et sa casquette...

Le médecin vient de le dire avec un sourire gentil :

« Madame Ulster, je vous rends votre mari, il n'est pas malade. Simple petite dépression, aucun traitement, n'en parlons plus. Peut-être faudrait-il essayer de mieux le comprendre ? »

Brave médecin. Un peu idéaliste, sans aucun doute... ou alors pas psychologue pour deux ronds et dans son métier, c'est ennuyeux.

Mme Ulster devait comprendre son mari ? A la voir, on ne peut qu'être pessimiste. Entourée de ses quatre enfants, vêtue de noir, chapeau et bas noirs, œil noir, elle ressemble plus à une fervente de l'Armée du salut qu'à une épouse compréhensive. A une sorcière qu'à un ange de douceur, et elle ne mâche pas son avis :

« Alors, vous le relâchez ? Un fou pareil ? Un bagnard ?... Mais qu'est-ce qu'il faut faire pour qu'on l'enferme une fois pour toutes, cet ivrogne ! ce voleur ! cet assassin ! »

Mais les problèmes de la vie privée ne regardent pas les hôpitaux psychiatriques, et Jérémie Ulster est remis entre les mains de son épouse, environnée de ses quatre enfants...

Le rapport sur son passé n'a fait apparaître aucune tendance à une sorte de folie quelconque...

Certes Jérémie a été condamné au bagne à l'âge de vingt ans pour avoir dévalisé un tiroir-caisse et tiré sur un policier, sans l'atteindre. Mais aussi, il a sauvé la vie de deux personnes, pendant son séjour à Cayenne, obtenue une remise de peine, et sitôt débarqué en France en 1939, il a revêtu l'uniforme comme tout le monde, et comme presque tout le monde, il s'est retrouvé prisonnier pour cinq ans en Allemagne...

Ensuite il s'est marié, a fait quatre enfants et n'a pas changé d'emploi depuis plus de six ans... Alors ?...

Alors, il faudrait être une petite souris pour tout comprendre... Et notamment pour comprendre pourquoi, à peine rentré chez lui, Jérémie Ulster saute sur sa femme et la tue de quatre coups de couteau judicieusement placés...

Le crime a lieu dans la cuisine, devant les quatre enfants, et Jérémie disparaît sans demander son reste, mais avec sa casquette.

On le retrouve huit jours plus tard en Angleterre, toujours avec sa casquette, alors qu'il tente de s'engager comme marin-pêcheur à bord d'un chalutier. Jérémie, il faut bien le dire, n'est pas très malin dans le genre assassin en fuite.

Les enfants ont décrit la scène du crime avec la même rigueur :

« Maman lui a arraché sa casquette. Elle l'a traité de sale bagnard, il a pris son couteau et maman est morte. Papa a fermé la porte, il a dit que si on bougeait avant une heure, il reviendrait et nous flanquerait la fessée. »

Jérémie n'ayant pas nié ce résumé des faits, il se retrouve donc à nouveau en cellule, où décidément il aura passé le plus clair de sa vie, et ce n'est qu'au procès, enfin, qu'il s'explique.

Il parle comme si on avait ouvert une vanne, sans se préoccuper de savoir quelle impression il fait au jury, si ce qu'il dit convient au système de défense de son avocat, ni si on le comprend bien.

Il parle comme s'il était soulagé. Il a suffi que le président lui dise :

« En somme, vous avez tout fait pour gâcher votre vie !...

– Oui, c'est bien dommage. Et vous savez pourquoi, vous ? Moi, je ne sais pas. Quand j'étais gosse je voulais être marin, parce que mon grand-père était marin. Il avait un bateau, une belle casquette et il partait loin sur la mer, il allait voir le monde à l'envers, et tous les côtés de la terre... J'en rêvais. Seulement mon père m'a dit : « Tu seras ouvrier. » A quinze ans on m'a enfermé dans un atelier, à vingt ans j'ai voulu en sortir. J'ai acheté une casquette de marin et j'ai fait l'imbécile. Je voulais partir sur un bateau... On m'a envoyé au bagne.

« Tout ce que j'ai vu de la mer, c'est les requins. Tout ce que j'ai vu du ciel ne mesurait pas plus que le toit de ma cellule. A trente-cinq ans, on m'a relâché, j'ai cru que la vie recommençait, j'ai racheté une casquette de marin, j'ai débarqué au Havre, et vous savez ce qu'on m'a fait ? La guerre. On m'a enlevé ma casquette et on m'a mis un casque. Ça a duré cinq ans, entre les barbelés, et je ne savais même pas pourquoi j'étais là...

« Enfin, à quarante ans, les portes s'ouvrent, plus de cellule, plus de gardien, et l'horizon pour moi tout seul ! Et alors là, je rencontre une femme. Elle veut que je l'épouse, je l'épouse; elle veut un enfant, on a un enfant... Mais quand je dis : « Je veux « partir, je veux être marin », elle crie. Il ne faut pas l'abandonner, elle et l'enfant, sinon je suis un salaud ! Et elle fait un autre enfant, et puis un autre, et un autre. Une vraie prison d'enfants. Ensuite, plus rien. Elle me garde prisonnier et je travaille pour nourrir tout le monde. Si je veux boire un verre de vin, elle me traite d'ivrogne, si je veux m'amuser, elle me traite de cochon, si je veux partir, elle me traite de sale bagnard... et elle m'arrache ma casquette. Ce n'est pas une femme que j'ai épousée, c'est une bonne sœur camouflée, un gardien de prison en jupon, un nazi du foyer...

« Alors, qu'est-ce qu'il m'arrive ? Je deviens fou... Je me dis, je vais la tuer. Il faut que je la tue pour avoir enfin ma liberté. J'ai cinquante-cinq ans, la vie passe, la vie fout le camp, et je n'ai toujours pas vu la mer, je n'ai toujours pas le droit de porter une casquette de marin...

« Fou que j'étais... J'ai voulu expliquer ça au commissaire de police du quartier, pour qu'il m'empêche de la tuer, il m'a envoyé à l'asile. J'ai voulu expliquer ça au docteur de l'asile, il m'a fait des piqûres, et il est allé chercher ma femme pour qu'elle me ramène dans sa prison... d'enfants. Une protestante salutiste ! Et il voulait qu'elle me comprenne ! Alors voilà, je l'ai tuée. Et parce que je l'ai tuée, vous allez me remettre en prison, avec des murs et des barreaux, loin de la mer. On m'a déjà repris ma casquette...

« Vous avez raison, j'ai tout fait pour gâcher ma vie. J'ai même pas été capable de rester libre une minute de toute mon existence. Qu'est-ce que vous voulez que je vous dise ? J'ai cinquante-cinq ans, et vous allez encore m'enfermer ? J'y peux rien. »

Jérémie Ulster a fini de parler. C'est déjà un vieillard, au visage creusé par trente-cinq ans de captivités diverses... Le jury le regarde, consterné.

Le procureur demande une peine sévère sans la préciser, et on lui octroie treize ans de travaux forcés.

Cinquante-cinq plus treize égale soixante-huit ans, l'âge de la retraite. Peut-on encore porter une casquette de marin en retraite, sans jamais avoir été marin, à soixante-huit ans ?

On ne peut pas.

Jérémie Ulster est mort à l'hospice, à l'âge de soixante-dix ans. Sans avoir connu ni le soleil de la liberté, ni l'océan des évasions. Mort comme une épave sans gouvernail, mort comme un bateau qui pourrit à quai. Mort avec sa dernière casquette.

Le vent du large ne soufflait que dans sa tête.

LE TROISIÈME VERROU

Cet homme de cinquante ans, avec ses yeux bleus d'une grande douceur, rêve. « Que s'est-il passé ? Pourquoi suis-je aujourd'hui à l'envers de moi-même ? C'était ça mon erreur ? Le meurtre ? »

Il rêve, cet homme, tandis qu'un autre le juge. Ce qui est curieux c'est que l'autre ne le juge pas tellement sur un acte isolé, non, il cherche à le juger sur sa vie. C'est un assassin devant son juge d'instruction pourtant, et le cas est simple. L'assassin avoue. Il reconnaît, d'ailleurs il y avait un témoin et ce n'est pas un meurtre. Il n'a jamais menti de sa vie, ni tué, même à la guerre. C'est un accident.

Et pourtant c'est autre chose que réclame le juge d'instruction, il veut tout savoir de la vie de Joseph C., ouvrier imprimeur. Joseph a le teint blême des gens qui travaillent la nuit, un lacis de rides a fripé son visage, les traits sont tristes, les yeux abattus ; l'homme est vaincu d'avance, il l'a toujours été. Le juge vient de poser une question essentielle :

« Que vous avait fait cette femme ? Pourquoi l'avez-vous tuée ? »

Et il obtient cette drôle de réponse, comme si ce n'était pas la faute du prévenu, comme une excuse insolite :

« Elle a mis le verrou. »

Le verrou semble avoir une grande importance

dans la vie de Joseph. En fait sa vie a été verrouillée trois fois.

Le premier verrou, il ne l'attendait pas.

Il a huit ans quand son père meurt. A quatorze ans il travaille; à vingt, il fait la guerre. Prisonnier, il tombe amoureux de sa marraine de guerre et l'épouse en 1945.

Pauvre Joseph! Voici une journée de Joseph, en 1946 par exemple, dans la maison campagnarde où il habite avec sa belle-famille. Il y a là la grand-mère, soixante-quinze ans, le beau-père et la belle-mère, et Elvire sa jeune femme.

Joseph croyait que l'ère du nazisme était terminée, il avait tort. La grand-mère joue les Hitler à l'intérieur du domaine familial. Elle est alsacienne et ne parle que son patois. Toute la famille parle donc le patois alsacien. Joseph n'en comprend pas un traître mot. De son séjour de prisonnier en Allemagne, il n'a retenu que « *schnell* »... C'est peu face à la grand-mère Martha qui décide de tout pour tout le monde.

Ainsi, Joseph lui paraît trop petit et trop frêle pour le travail des champs. Elle lui assigne donc le ménage quotidien de l'écurie et de la grange, ainsi que la coupe du bois de chauffe.

Joseph a beau protester qu'il ne connaît rien aux animaux, qu'il est ouvrier et a peur de se casser un bras chaque fois qu'il coupe une bûche... la grand-mère s'en moque.

Lever à cinq heures du matin, soupe au lard. Travail jusqu'à dix heures. Petit déjeuner – fromage, oignon, pain – puis travail jusqu'à une heure. Potée aux choux, chicorée. Travail jusqu'à sept heures du soir. Re-soupe au lard. Coucher à huit heures, extinction des feux, pas de bruit...

La nuit, dans le lit conjugal, Joseph est obligé de chuchoter en français avec sa femme :

« Je veux partir avec toi, allons vivre à Paris, je travaillerai pour nous deux. »

Sa jeune femme s'y refuse.

« Alors, ayons au moins un enfant...

— Impossible, nous ne pouvons pas nourrir une tête de plus pour l'instant. »

De brimades en ordres, et d'interdictions en frustrations, Joseph finit par chuchoter un soir.

« Si tu ne veux pas d'enfant, je me fâche. »

Et voilà le premier verrou.

Il est fermé au nez de Joseph dès le lendemain soir, par sa jeune femme de vingt-cinq ans, sur ordre de la grand-mère. Joseph dormira au grenier tout seul. Pas question de faire un enfant par surprise.

Après dix ans de vie commune, si l'on peut dire, Joseph fait donc ses paquets et s'en va. Il a tout fait pour qu'on l'aime, il n'a pas réussi, il retourne chez sa mère, à Marseille.

Là, Joseph trébuche de Charybde en Scylla. Il débarque un dimanche soir avec sa valise, frappe à la porte et pousse un cri de surprise.

Un fantôme a ouvert cette porte. Sa mère a revêtu une sorte de longue tunique blanche. Coiffée d'un turban, les sourcils charbonneux, elle guide son fils à la lueur d'une bougie vers le salon :

« Chut... Assieds-toi et surtout tais-toi... »

Ahuri, Joseph s'assoit dans le noir, et comprend. Sa mère et trois autres fantômes sont assis autour d'un guéridon et parlent avec un esprit... Horreur ! l'esprit est celui de son père. Cela ne fait aucun doute. On annonce à l'esprit du père mort l'arrivée de son fils.

Terrorisé, Joseph regarde sa mère pousser des petits cris, des grognements, et raconter n'importe quoi sur la vie de son mari dans l'au-delà.

Cela fait, Joseph enfin seul avec sa mère s'apprête à lui raconter ses misères depuis dix ans – la guerre, Hitler et la grand-mère – mais il est immédiatement interrompu :

« Ah ! ne me parle pas de tes ennuis ! Tu es jeune, toi !... Moi j'ai tout perdu... La maison de ton père, le terrain, tout... J'ai failli mourir cent fois de misère, il a bien fallu que je vende !...

— Comment ça vendre ?... Mais tu ne pouvais pas vendre sans moi, comment as-tu fait ?

— Mon chéri, écoute-moi bien, et surtout n'en veux pas à ta mère adorée. Je savais bien que je ne pouvais pas vendre sans toi, alors j'ai dit que tu étais mort à la guerre !

— Et personne n'a rien dit ?

— Oh ! si, j'ai reçu plein de condoléances et on me respecte ici... Pourquoi es-tu revenu, au fait ?

— Eh bien, je divorce et je n'ai plus où aller, je pensais que tu pouvais m'héberger, dans cette maison.

— Cette maison est en location ! Je n'ai plus d'argent ! Et puis tu es mort ! Je m'étais habituée, j'étais si malheureuse. »

Joseph croit fermement que sa mère était malheureuse. Il croit sincèrement qu'elle a vendu son héritage pour survivre. Il ne se demande pas si elle aurait pu travailler au lieu de cela. Joseph est crédule. Pour ne pas dire autre chose.

« Maman, tu n'as plus de soucis à te faire, je vais travailler, et je rachèterai un appartement pour toi... »

Et Joseph travaille comme une brute, il fait des heures supplémentaires, il travaille le samedi, le dimanche, la nuit. Il a les joues de plus en plus creuses, les yeux de plus en plus pâles. Mais il veut que sa mère l'aime et qu'elle cesse de parler aux esprits, en buvant pour noyer son chagrin.

Il y mettra dix ans, mais il achètera un appartement pour sa mère, au soleil, avec tout le confort moderne des années 50. Et il offre les clefs à sa petite maman chérie, avec le titre de propriété :

« Voilà ! un salon, une salle à manger, une chambre à coucher, une salle de bain, une cuisine, et là... une petite chambre pour ton fils qui ne te quittera jamais. »

Emotion, embrassade, installation, mère et fils vont vivre heureux l'un près de l'autre.

L'été 1956, Joseph, qui n'a pas pris de vacances depuis des années, dit à sa mère :

« Maman, je vais au bord de la mer pour une semaine.

– Tu as raison, Joseph, tu as mauvaise mine. »

Une semaine après, Joseph, bronzé, sonne à la porte de cet appartement qu'il a payé à la sueur de son front en dix ans de travail ininterrompu pour une malheureuse semaine de vacances. Personne ne répond. Alors il sort sa clef, mais elle ne rentre plus dans la serrure...

« Maman ? maman ?... Que se passe-t-il ? Tu es là ?

– Je suis là et j'y reste. »

C'était le deuxième verrou. Un gros celui-là, posé dès le lendemain de son départ.

Joseph veut parlementer, il ne veut pas et ne peut pas croire que sa mère le fiche à la porte aussi brutalement !

« Mais, maman, je suis ton fils !... C'est moi, Joseph ! »

Et la mère a cette réponse énorme :

« Tu aurais mieux fait de mourir chez les Allemands comme je l'avais dit ! »

Assis sur le palier de l'immeuble tout neuf, devant le paillasson tout neuf, Joseph pleure dix années d'efforts pour qu'on l'aime. Il a maintenant quarante-six ans. Il en est là à son deuxième verrou.

Que faire ? Retourner chez sa femme ?

Une petite tentative par lettre à en-tête de l'Hôtel du Progrès et du Commerce réunis ne donne rien. Rien qu'une réponse nette et négative :

Aucun besoin de toi ici... Divorce sera prononcé dans quelques mois, à tes torts, pour abandon de domicile conjugal depuis plus de sept ans.

Joseph repleure un peu. Vingt ans de gâchés, sans compter les années de guerre... et d'apprentissage, pour en arriver là. Une chambre d'hôtel miteuse, et la solitude. Une terrible solitude que Joseph ne supporte pas. Il a peur d'être seul, c'est maladif.

Pendant quelques semaines, il erre à la terrasse des cafés, et mange debout au bar pour discuter avec le garçon. De la pluie et du beau temps, ou de rien, mais pour ne pas être seul.

C'est alors qu'il s'aperçoit que sa pension d'ancien combattant se heurte au verrou maternel. Il se rend donc aux services compétents pour régulariser son changement d'adresse, et elle est là, la troisième femme de sa vie, derrière le guichet des pensions d'invalidité. Ils parlent, ils se revoient, ils s'émeuvent de leurs propres malheurs, et décident de les raccommoder ensemble.

Elle, Simone, a été lâchement abandonnée par un mari divorceur, avec un enfant à élever.

Elle l'a élevé, il est grand maintenant ou presque. « C'est bien », dit Joseph, qui raconte le quadruple de malheurs avec une sorte de satisfaction masochiste.

C'est lui l'homme, il a souffert beaucoup plus, c'est normal. Le voilà qui s'installe chez son nouvel amour, promet de s'occuper de tout, et le fait, bien sûr.

Ce fils est presque élevé, il achève de l'élever. Cette maison, il la répare, ce jardin il l'embellit. Il fait les courses, la cuisine et s'occupe lui-même de son linge. Mère et fils lui en sont reconnaissants, enfin on aime Joseph à sa juste mesure...

Pendant cinq ans. Et puis c'est fini, tout d'un coup, il n'intéresse plus personne. Le fils s'est marié, il a un bébé qui occupe tout le monde, Joseph n'existe plus. Croit-il.

En tout cas, il s'en plaint. Ses plaintes hors de propos deviennent rapidement insupportables et les scènes se suivent, s'aggravent... L'ambiance est maintenant insupportable.

Joseph tente le tout pour le tout.

« Changeons de ville, allons vivre ailleurs tous les deux et je t'épouse. »

Simone refuse le tout en vrac.

« Non. Je t'ai loué une chambre à l'étage au-dessus, tu y vivras, mais seul. »

Joseph parlemente comme d'habitude :

« Je pourrai prendre mes repas avec toi ?... »

Il pourra. Simone n'a pas le cœur de le renvoyer totalement. Mais les jérémiades se faisant essentiellement à l'heure des repas, la vie devient rapidement insupportable. Tant et si bien que Simone mange dans un coin de la cuisine, et Joseph dans l'autre.

Alors Joseph est malade, il est jaune. Tout ce malheur accumulé depuis des années lui porte sur le foie. A cinquante-six ans, il n'a plus guère d'espoir de trouver le bonheur. Il fait une jaunisse, une vraie, et se retrouve à l'hôpital pour un bon mois. Tout seul. Face à une infirmière suroccupée qui le déclare hépatique du genre anxieux (mauvais genre), et lui ordonne une série de piqûres.

Joseph a horreur des piqûres. Il a peur, il est malade, il est tout seul, il voudrait bien appeler sa mère, mais elle doit vivre de ses rentes quelque part au soleil de Marseille...

Alors Joseph guérit tristement, et c'est comme une ombre qu'il retourne chez Simone, qu'il cherche à mettre sa clef dans la serrure.

Pour constater qu'elle n'ouvre pas. C'est un choc terrible. Il en est à son troisième verrou.

Toute sa vie n'étant finalement qu'une immense dépression nerveuse, Joseph a recours à un médecin qui tente de le tranquilliser, mais il n'arrive pas à trouver le sommeil.

Dans sa chambre, à l'étage au-dessus, il tourne en rond et pleure sur lui-même durant des nuits sans fin...

Et tous les jours il passe et repasse devant ce troisième verrou fermé, ce troisième verrou insupportable.

Alors, ne le voyant plus, et craignant qu'il ait à nouveau mal au foie, Simone monte un étage. Elle frappe à la porte de Joseph. Celui-ci la laisse entrer et referme son verrou. A double tour, machinalement.

« Qu'est-ce que tu fais ? demande Simone.

– J'étais en train de me raser », répond Joseph...

Et il lui saute à la gorge, il va chercher un couteau dans la cuisine, et parce qu'il est maladroit et s'en sort très mal, il tue son troisième « verrou », comme un enragé sanguinaire.

« Mais enfin, demande le juge, mais enfin ? Cette femme ne vous avait rien fait, rien dit à ce moment-là, pourquoi l'avoir tuée ? »

Joseph, perdu dans ces cauchemars, ne sait que répondre.

« Elle a mis le verrou... Monsieur le juge...

– Et alors ?

– Elles font toutes ça, monsieur le juge... Elles font toutes la même chose, elles mettent le verrou... »

Ce qui n'est pas une raison bien entendu.

A L'ÉTONNEMENT
DES PETITS HOMMES NOIRS

LE fuselage de l'avion vient de se cabrer comme un cheval qui saute un obstacle, mais il n'a pas sauté... Un arbre, puis deux, et personne ne peut compter les suivants.

L'appareil se plie littéralement, le nez explose, les ailes arrachées de la coque tourbillonnent en l'air, et le feu environne les passagers.

Ils étaient vingt-quatre, avec l'équipage, dans ce C 47 de l'armée américaine; vingt-quatre qui voulaient voir en ce dimanche 13 mai 1945 les mystérieuses vallées des monts Orange, à l'ouest de la Guinée hollandaise. Un simple vol de reconnaissance, pour le plaisir. Histoire de s'évader un peu du camp de Hollandia et d'échapper à la chaleur humide et étouffante.

Parmi ces vingt-quatre – seize hommes et huit femmes –, le lieutenant Mac Collom sort par la porte centrale, Dieu sait comment!, sans une seule égratignure et contemple l'avion, hébété. Margareth Hastings, elle, se libère d'un bras qui lui enserre la taille, ses cheveux brûlent, elle rampe jusqu'à la porte et se retrouve dehors le nez dans la terre, dont elle se recouvre la tête instinctivement. Le sergent Decker, éjecté à plusieurs mètres, surgit à son tour à droite de l'incendie. Une affreuse blessure a dénudé son crâne et il marmonne comme un homme ivre.

Un hurlement fait sursauter le lieutenant Mac

Collom. Il se précipite dans la carlingue, traverse les flammes, sort avec une femme dans les bras, la dépose sur le sol, retourne dans l'appareil et ressort avec une autre femme. Il s'apprête à y retourner quand une série d'explosions le fait reculer. C'est fini... Il faut même s'éloigner le plus vite possible de l'incendie qui menace de gagner la jungle environnante.

Mac Collom, laissant les deux autres se débrouiller seuls, saisit un bras de femme dans chaque main et tire les deux blessées comme des sacs jusqu'à une petite clairière.

Aucun homme blanc n'a jamais pénétré ce territoire, cerné par les monts Orange à trois mille mètres d'altitude. Un hélicoptère ne saurait franchir cette barrière montagneuse et la jungle hérissée d'arbres gigantesques ne laissera aucun avion atterrir. Cela, les rescapés l'ignorent.

Margareth pense qu'elle avait rendez-vous avec son *boy-friend* le soir même, le sergent Decker marmonne toujours des phrases bizarres. Le sergent Mac Collom, lui, fait une prière, il a les yeux secs mais la gorge si serrée que les mots ont du mal à franchir ses lèvres. Son frère jumeau est mort dans cet amas de tôles fumantes.

13 mai 1945 : ce n'est que le premier jour d'une longue suite de quarante-sept.

Mac Collom est retourné dans les débris de l'appareil fumant chercher des vivres et sauver ce qui peut l'être comme matériel de secours.

Seule la queue de l'avion, arrachée de la carlingue, n'a pas brûlé entièrement et il y trouve un maigre butin : un canif, deux bidons d'eau, une boîte de mélasse, des bonbons vitaminés, et deux bâches de canots pneumatiques. Ensuite, il examine ses compagnons.

Decker est bien choqué et sa blessure à la tête est très vilaine. D'autre part, il est brûlé profondément aux reins. Sa peau a noirci complètement et s'est décollée par endroits. Margareth ne vaut guère mieux : jambes et pieds brûlés, assorti de coupures et d'écorchures en tout genre.

L'une des femmes, Helen, est dans le coma. L'autre, Carolyn, apparemment sans blessures graves, tremble de tous ses membres, sans mot dire.

Pendant la nuit, Margareth ne se rendra pas compte qu'elle serre la main d'un cadavre : Helen est morte sans bruit, sans avoir repris connaissance.

Mac Collom, le seul valide, l'enveloppe dans une bâche et l'allonge contre un arbre, car il n'a rien pour l'enterrer.

La seconde nuit, c'est au tour de Carolyn. Son cœur a lâché brutalement, elle n'avait pas cessé de trembler depuis la catastrophe. La deuxième bâche lui sert de linceul.

Ils ne sont plus que trois – Mac Collom, Decker et Margareth – et ils décident de marcher. Rester là, à cent mètres de la carcasse de l'avion et de ses dix-neuf cadavres, à côté de ces deux bâches sinistres, c'est impossible. D'autre part, ils espèrent entendre bientôt le ronronnement d'un autre avion, mais la forêt est si épaisse que les secours ne les verraient pas à cet endroit. Il faut donc marcher. Or seul Mac Collom en est réellement capable, Decker et Margareth souffrant horriblement de leurs brûlures. Alors il se charge des vivres, confectionne des cannes aux deux autres, et ordonne :

« Allez, en route ! Je marche devant pour vous faire un chemin. »

Tous les cinquante mètres, Decker s'effondre, et quand ce n'est pas lui, c'est au tour de Margareth. Mac Collom fait des aller-retour sans arrêt, soutenant l'un, exhortant l'autre. Puis les voyant à bout de forces, décide une halte.

Pendant que ses deux compagnons dorment, épuisés, Mac Collom tente de faire le point. Ils sont à trois mille mètres d'altitude, ce qui rend d'ailleurs la marche encore plus difficile.

La vallée qu'ils devaient survoler avant de s'écraser est donc à leurs pieds; il faut redescendre, et le mieux serait de dénicher une source ou, mieux, un ruisseau quelconque à suivre. D'une part pour la provision d'eau, d'autre part parce que, sans boussole et sans carte, c'est le meilleur moyen d'atteindre la vallée.

Alors Mac Collom décide de faire un petit tour d'exploration, en solitaire, mais il a à peine franchi vingt mètres qu'il entend la voix de Margareth, hystérique :

« Decker, Decker, réveille-toi, ce salaud fiche le camp tout seul avec les vivres !... »

Mac Collom revient en arrière pour calmer sa compagne, mais la jeune fille fait une telle crise de nerfs qu'il est obligé de la calmer à coups de gifles, tandis que Decker l'agonit de sottises. Il est évident que les nerfs des deux blessés craquent.

Et c'est au beau milieu de ce règlement de compte insolite, qu'un ronflement surgit des arbres et fait se dresser les combattants. Un avion ! Un avion qui ne peut les voir ! Comme un fou, Mac Collom dévale la montagne en direction du bruit; si un avion tourne par là, c'est qu'il a repéré une clairière et que le pilote l'examine de près. Tombant, se griffant, jurant comme un beau diable, Mac Collom atteint une clairière au bout de quelques minutes de course essoufflée. Il ne s'était pas trompé ! L'avion a repris de l'altitude pour entamer un second tour. Comment se signaler ? La chemise, le pantalon, un foulard, ses sous-vêtements, Mac Collom étale tout dans la clairière, et se met à sauter sur place, nu comme un ver, désespéré...

L'avion se rapproche, il rase les arbres, l'angoisse serre la gorge de Mac Collom, et s'il ne voyait pas ? – Il n'a pas vu, et il remonte ! – Non, il revient ! Il revient et il bat des ailes, il coupe son moteur. – C'est le signal, il a vu ! De joie, Mac Collom enfile son pantalon de travers, et en oublie le reste. Il court, court comme un dératé pour retrouver Margareth et Decker en larmes, et pleure enfin avec eux, de joie et de soulagement.

En ce troisième jour de leur aventure, les trois rescapés s'installent donc dans la clairière et se mettent à calculer le temps qu'il faudra à l'armée pour leur parachuter des vivres. Jusqu'à présent, ils n'ont mangé que des bonbons vitaminés et de la mélasse mélangée d'eau...

La nuit passe, paisible et pleine d'espoir. Mais quand Margareth ouvre un œil à l'aube, c'est pour hurler de peur. Quelque chose de noir et de laid la regarde.

« Mac Collom, qu'est-ce que c'est ? Qu'est-ce que c'est ?

– Ne bougez pas et souriez ! Souriez, bon sang ! »

Margareth desserre les dents et grimace un sourire épouvanté à l'apparition qui ne bouge pas d'un centimètre...

Le sourire de Margareth s'adresse à un individu d'environ un mètre soixante, noir comme le diable et nu comme un Jésus. Son corps est entièrement recouvert d'une épaisse couche de graisse nauséabonde, et il porte une hache de pierre sur l'épaule. – Derrière lui, il y en a une bonne douzaine, tous pareils. Ils parlent entre eux un langage bizarre, fait d'aboiements et de grognements, mais celui qui observe Margareth d'aussi près ne parle pas, et Mac Collom continue d'exhorter sa compagne.

« Souriez... bon sang, et ne bougez pas ! »

Ne pas bouger, c'est facile à dire, et sourire à cette face de cirage immobile est un exploit si difficile pour Margareth que Mac Collom s'avance doucement, s'incline devant le guerrier et comme dans un salon de Boston :

« Bonjour, permettez-moi de vous présenter Miss Margareth Hastings et le sergent Decker... »

C'est ridicule, mais il a dit ce qui lui passait par la tête, sachant pertinemment que l'autre ne le comprendrait pas, mais saisirait peut-être le ton amical, et le sens de la mimique.

A la grande surprise de Margareth, voici que le petit homme écarte soudain les dents en un sourire aussi large que maladroit. – Il fait comme elle, il se force. – C'est donc qu'il avait encore plus peur d'elle ?

Ils restent là des heures, tout le petit groupe, à observer sans relâche ces trois Blancs. Ni méchants ni agressifs, mais curieux et obstinés.

Decker montre ses blessures à l'un d'eux qui a l'air d'être le chef et aussitôt le petit homme se met à lui souffler dessus, partout où il voit une plaie. Ensuite il fait de même avec Margareth, sans jamais la toucher. Il souffle avec régularité, comme s'il accomplissait un rite. Les petits hommes noirs ont certainement l'habitude de soigner ainsi leurs plaies, en soufflant dessus...

A la tombée du jour, ils s'en vont enfin. Mais leur village ne doit pas être loin car ils sont là dès le lendemain matin, discutant et grognant toujours, mais les mains pleines de patates douces, ce qui change de l'ordinaire.

Vers midi, le vrombissement d'un appareil les fait se sauver à toutes jambes, car ils doivent observer avec crainte ces étranges choses blanches en corolle qui descendent du ciel.

Pour les rescapés, les nouvelles sont bonnes et mauvaises à la fois. On leur envoie un poste émetteur-récepteur, des vivres et des médicaments avec un message : « Vous êtes 295, appelez 311... »

Fébrilement, Mac Collom entreprend de monter la radio en un temps record, tandis que l'appareil tourne en rond au-dessus de la petite clairière.

« Ici 295, m'entendez-vous 311 ?... »

Un grésillement, et une voix américaine, enfin, celle du pilote de l'avion sauveur :

« Je vous entends, j'ai un médecin à bord, comment allez-vous ?

– Pas trop mal, des brûlures... »

Puis Mac Collom donne des précisions sur l'accident, le nombre de morts, et leur situation présente. Le pilote reprend :

« Impossible d'atterrir, et parachuter un homme serait un trop gros risque. Vous êtes à soixante-dix kilomètres environ d'un terrain plus vaste. Avant toute chose, il faudrait que vous marchiez jusque-là, le pouvez-vous ? »

Margareth regarde ses jambes, rongées, noircies, sanguinolentes; impossible de faire soixante-dix kilomètres dans cet état, quand cent mètres représentent un supplice. Quant à Decker, il est plié en deux par la souffrance. Mac Collom affirme pourtant :

« On ira dès qu'on pourra. Donnez-moi les coordonnées. »

Jour après jour, message après message, toujours surveillés de près par le petit groupe d'hommes noirs, les trois naufragés désespèrent de s'en sortir.

Seul, Mac Collom réussirait, mais l'état des deux autres s'est aggravé. La gangrène a envahi les brûlures, Margareth ne sent même plus ses jambes, il faudrait des soins quotidiens en milieu stérile. Mac Collom fait ce qu'il peut, il baigne, panse, nettoie, rassure, mais les jours passent.

L'avion fait sa ronde tous les deux jours, et Mac Collom a quelquefois du mal à récupérer les containers de parachutage enfouis dans la jungle, ou accrochés aux arbres.

A présent, il a peur. Peur que Margareth ne puisse plus jamais marcher et s'empoisonne lentement, comme Decker, dont les yeux ne sont plus que deux petits trous noirs dans une immense plaie pourrissante.

Leur situation est vraiment désespérée. Aucun appareil de secours ne peut les atteindre. Le terrain est trop petit pour un avion... Et un hélicoptère ne peut pas franchir les hautes montagnes qui les environnent. S'ils s'en sortent un jour, ce sera par la jungle et à pied. Il n'y a aucun autre moyen.

Le vingtième jour, un message leur rend du courage. Deux volontaires philippins, infirmiers, ont offert de se faire parachuter sur une autre clairière plus vaste à trois ou quatre kilomètres et de les rejoindre à pied à travers la jungle. Dès qu'ils auront remis sur pied Margareth et Decker, ils les guideront jusqu'à la même clairière où on tentera de les récupérer, on ne sait d'ailleurs pas comment.

Effectivement, une heure à peine après le passage, Mac Collom fou de joie voit arriver les deux hommes, qui ont pris des risques énormes. Car depuis quarante-huit heures, il tombe des averses soudaines, d'une violence inouïe, accompagnées de brusques rafales de vent, et se faire parachuter dans la jungle dans ces conditions, et dans une clairière grande comme un mouchoir de poche, c'est à la limite du suicide. Mais ils sont là, trempés. L'un d'eux a une cheville foulée, mais ils sont là...

Il était temps. Margareth délire, et Decker ne peut plus bouger; allongé sur le ventre, il a les reins rongés par l'infection. Il va falloir, pour chacun, racler les brûlures pour nettoyer les plaies et venir à bout de la gangrène. Racler, c'est-à-dire enlever les couches de peau successives, jusqu'à ce que la chair soit de nouveau à vif, et saine.

Un supplice quotidien qui va durer jusqu'au quarantième jour. Les deux Philippins ont installé un petit hôpital de campagne. Et pour la première fois depuis des semaines, Margareth peut se voir dans une glace... et se faire peur.

Elle n'a plus que des touffes de cheveux brûlés par paquets... Elle est noire de crasse et de vermine. Même chose pour Decker. Les deux infirmiers ont improvisé une baignoire en creusant un trou, doublé d'une bâche imperméable, et y lavent les deux blessés avec mille précautions, tous les jours. Puis c'est le raclage quotidien. Même anesthésiée par une piqûre, la douleur est terrifiante.

Enfin, Margareth et Decker sont jugés aptes à marcher pendant quelques kilomètres.

Le sauvetage a été décidé ainsi. C'est l'idée d'un trompe-la-mort : puisqu'il est impossible à un avion d'atterrir, ou à un hélicoptère d'arriver jusqu'à eux..., l'armée va larguer un planeur dans la clairière, avec son pilote. Encore un fou, prêt à se faire tuer pour en sauver d'autres, c'est d'ailleurs lui qui l'a proposé.

Si le pilote arrive à bon port dans la clairière, il chargera tout le monde, et repartira de la même façon, accroché à un C 47 rugissant. Il faut que le premier arrachage soit le bon, car si le câble cède, tout est perdu...

La petite colonne s'en va donc à travers la jungle, suivie des petits hommes noirs toujours attentifs.

Margareth a offert le miroir au chef, qui n'en revient pas de voir quelqu'un en face de lui, dans cet étrange objet.

Dans la clairière, le quarante-sixième jour, la troupe attend pour le lendemain l'arrivée du fou volant dans sa drôle de machine. On leur a parachuté le matériel nécessaire à cette opération insensée : deux piquets, un câble métallique qu'il faudra tendre au-dessus du planeur, de manière à ce que l'avion tracteur l'accroche au passage et le fasse décoller du premier coup. Il faut que le premier accrochage soit le bon... Sinon le planeur irait s'écraser dans les arbres, et impossible de recommencer. De plus, le problème n'est pas tant l'accrochage que le poids. Combien de distance faudra-t-il pour s'élever au-dessus du mur de la forêt ?

Le 24 juin 1945, à neuf heures trente, le planeur vient poser gracieusement son nez à quelques mètres des premiers arbres, et une sorte de colosse rouquin nommé Paver en descend, claque le dos de tout le monde et crie :

« Alors, vous êtes prêts ? »

Un peu inquiet, Mac Collom répond en soupesant le câble :

« Qu'est-ce qui se passe si ça casse ? »

Avec un grand rire, Paver répond :

« L'armée m'a assuré pour dix mille dollars !... »

Il a l'air si frêle ce petit planeur, si mince, si léger, Margareth, Decker, Mac Collom et les deux infirmiers se tassent à l'intérieur. Paver vérifie le bouclage des ceintures... donne quelques indications et prévient le C 47 qui tourne au-dessus de lui.

« *Go !...* »

Le gros avion pique. – Une secousse, puis une autre. Un juron terrible de Paver et, enfin, les passagers aperçoivent la cime des arbres. Mais il s'en est fallu de peu, le câble s'était pris dans les branches hautes, et avait ralenti le planeur jusqu'à la limite de perte de vitesse. – Mais le planeur a tenu bon... Sauf qu'il y a une petite fente, là, dans la coque, et Margareth la voit, les autres aussi. – Elle s'élargit doucement... Paver joue les insouciants :

« Quatre-vingt-dix minutes de vol, on tiendra jusque-là. Si vos pieds passent au travers, accrochez-vous au plafond !... »

Un centimètre... deux... trois... Chaque minute qui passe élargit la fente et l'allonge... Comme si le planeur allait se fendre en deux...

En vue du terrain d'atterrissage de Hollandia, Margareth, agrippée à son fauteuil, peut voir la terre défiler sous elle par une ouverture de soixante centimètres de large...

Toujours gracieusement, bien que troué, le planeur se pose sans une secousse, avec un nouveau juron du pilote. Une façon comme une autre d'exprimer la peur ou le soulagement...

Margareth descend, suivie de Decker aidé par les deux Philippins. Le pilote saute de son siège. Les ambulances accourent, les journalistes, tout le monde, la civilisation, la sécurité, les entourent.

Mac Collom à qui rien n'était arrivé jusque-là, va sortir à son tour, il pose le pied droit, puis le gauche. – Et, devant le public interloqué, s'effondre comme une masse, évanoui ! Il lui avait fallu quarante-sept jours pour se laisser aller.

Quant aux petits hommes noirs, là-bas dans la grande forêt, Dieu sait ce qu'ils ont imaginé des mœurs des visiteurs. Se racler la peau malade, au lieu de souffler dessus, il faut être fou, sûrement.

NOBLESSE ET DÉCADENCE
OBLIGENT

Sir Goold déteste Lady Goold.

Qui pourrait s'en douter alors qu'il lui ouvre galamment la porte :

« *Darling...* après vous, je vous en prie, chérie... »

Lady Goold déteste encore plus Sir Goold, si cela est possible, mais rien ne le laisse supposer.

« *Darling...* N'oubliez pas votre chapeau... »

Il y a vingt ans qu'ils sont mariés, et vingt ans qu'ils se détestent. Et depuis vingt ans, personne ne s'en est douté.

C'est à l'occasion d'un séjour à Monte-Carlo que le vieux lord et sa vieille lady vont le proclamer à la face du monde. D'une bien drôle de façon. Car, contrairement à ce que l'on pourrait imaginer, Sir Goold ne va pas tuer Lady Goold. Ni le contraire. C'est logique : si l'un supprimait l'autre, il ne pourrait plus le détester, et la vie serait vraiment insupportable.

Petite carte postale en provenance de Monte-Carlo – « Principauté riante, son rocher, ses palmiers, son casino » – au mois d'août 1907 :

Mary, rentrons pour le week-end. Préparez le château. Envoyez la voiture à la gare Victoria, train de huit heures.

            Lord and Lady Goold.

Cette carte postale est écrite à une table du jardin d'été du casino de Monte-Carlo, par Lady Goold, sous l'œil de ses relations du moment. Des relations endiamantées.

Mais cette carte postale arrive en Angleterre dans un petit appartement minable de Chelsea, presque vide et en location. Il n'y a pas plus de Mary, domestique, que de château, que de voitures. « Lord and Lady Goold » sont des escrocs, de petits escrocs. Disons plutôt qu'ils profitent au jour le jour des situations, en jouant sur leur titre. Car Lord Goold appartient réellement à une noble famille irlandaise.

Il est baronnet, c'est peu, mais les quelques objets à son chiffre, qu'il étale volontiers, sont authentiques. Nul ne peut s'y tromper. De la canne à pommeau d'argent et d'ivoire vieilli à la perle de son épingle de cravate, Lord Goold est baronnet estampillé d'origine, mais imbibé de whisky jusqu'à la moelle de ses os chenus. Il est petit, maigre, délabré, avec une élégance indubitable. Quant à Lady Goold, c'est autre chose, et pour cause, car en premier lieu elle est française. Grande, grosse, laide, un visage où tout s'écroule : les yeux, le nez, le menton; bref, un mélange de graisse et de dureté. Elle se nomme Marie-Violette, née d'une paysanne de l'Isère et d'un bourgeois inconnu (il y en a beaucoup plus qu'on ne le pense généralement).

Leur aventure sentimentale avant le mariage est un modèle du genre. Elle était lingère, il était baron; elle voulait devenir baronne, il préférait le whisky.

Le piège fut aisé. Le baron n'ayant pas un sou, la lingère lui a fourni le whisky jusqu'à plus soif, jusqu'à ce qu'il l'épouse dans un état d'ébriété permanente. Le réveil fut brutal. Le pauvre et maigre lord, dessoûlé, s'éveilla un beau matin à Paris, dans une chambre sordide, auprès d'une Marie tout en graisse et en brutalité.

Selon lui (et qui ne le croirait ?), une fois le mariage consommé, plus de whisky gratuit.

« Si tu en veux, tu te débrouilles, baron !...

– *You are* « une putain », Violette ! »

Ce genre de formule étant réservé à la plus stricte intimité bien entendu.

A l'extérieur on arrondit les angles :

« *Darling*... après vous... Je vous en prie...

– Mon mari est baron, c'est amusant...

– Ma femme est française... c'est d'un piquant ! »

Ils se détestent, et se haïssent depuis vingt ans qu'ils combinent ensemble de minables petites escroqueries. Ils ont écumé la France, puis le Canada, puis l'Angleterre. Ils ont joué dans tous les casinos, fait des dettes dans tous les hôtels, déménagé à la cloche de bois de toutes les villes, et ils ont soixante ans, bientôt l'âge de la retraite.

Marie-Violette a décidé de traîner son ivrogne de mari à Monte-Carlo. Ils ont loué une villa dans l'avenue des Fleurs. Il joue et boit comme un trou. Elle, tire des plans sur la comète. Ils ont quinze jours pour trouver une source de revenus.

Premièrement : tendre une toile d'araignée, faire croire qu'on est riche, donner des petites réceptions, soigner le moindre détail. La carte postale en est un exemple.

Deuxièmement : repérer une mouche – la femme riche mais seule étant la meilleure des mouches.

Troisièmement : se débrouiller pour lui prendre son argent.

Ce genre de plan laissant, bien entendu, toute latitude quant au choix des moyens.

En résumant ce que l'on a appris par la suite, voici le choix du moyen, en version sous-titrée :

« *Darling,* qui est cette charmante jeune femme ? Vous ne m'avez pas présentée ?

– Miss Levin, *darling !* Emma Levin, n'est-elle pas ravissante ? »

Ravissante, Emma Levin ? Elle a plutôt l'air d'un carabinier, à vrai dire, et cette charmante jeune femme a pour le moins cinquante ans.

« Vous êtes seule ici, Miss Levin ? Comme c'est triste !...

– Mais, *darling*, Miss Levin n'est plus seule à présent... N'est-ce pas ? Vous viendrez prendre le thé jeudi, si... si... J'y tiens. Nous y tenons absolument, n'est-ce pas, *darling* ?

– Absolument, Miss Levin. Puisque Lady Goold vous invite, il faut venir. On ne résiste pas à Lady Goold quand elle a décidé quelque chose ! »

Ainsi Miss Levin viendra jeudi prendre le thé à la villa. Alors il est temps pour Lady Goold de faire ses préparatifs. Préparatifs de départ, tout d'abord. Si Miss Levin vient prendre le thé jeudi, Lord et Lady Goold s'en iront vendredi. Du moins Marie-Violette en a-t-elle décidé ainsi. Et son lord de mari s'en étonne :

« On ne va pas partir maintenant ? Pas maintenant ! J'ai gagné cent francs au casino hier...

– Tu les a déjà bus...

– Mais...

– Y a pas de mais... écoute-moi. Jeudi, tu recevras Miss Levin à l'heure du thé. Tout seul.

– Pourquoi tout seul ?

– T'occupe ! Tu lui diras que je prépare un gâteau dans la cuisine. Puis tu la feras asseoir, dans ce fauteuil.

– Et après ?

– Tu prendras ceci.

– Un pilon ? Pour quoi faire ?

– Pour l'assommer.

– Mais je ne veux pas l'assommer !

– A ton aise ! Tu n'auras pas une goutte de whisky pendant une semaine ! »

Priver Lord Goold de whisky pendant une journée serait largement suffisant pour lui faire faire les pires bassesses, mais assommer une dame, cela demande réflexion.

« Et si je l'assomme, qu'est-ce que tu en fais ?

– Tu verras bien. »

Lord Goold est un lâche, et cette réponse lui suffit. Il faut préciser, toutefois, que l'état comateux et alcoolique dans lequel il se trouve de façon permanente ne lui permet guère de se conduire autrement.

Donc Miss Emma viendra prendre le thé jeudi, et les malles sont prêtes. La toile est tendue, la mouche vient s'y prendre d'elle-même. Miss Emma Levin, avec son air de carabinier, est en réalité suédoise. A l'heure dite, elle se présente au portillon de la villa, où Lord Goold la reçoit avec volubilité. Il a puisé tout son courage dans l'alcool, c'est dire qu'il a dû forcer la dose habituelle. Il se répand en salutations et courtoisies diverses :

« Et entrez, Miss Levin, et par ici, Miss Levin, comment allez-vous ? Beau temps, n'est-ce pas ? Ma femme arrive tout de suite, elle est dans la cuisine, un gâteau pour vous ? Mais non, la moindre des choses. Asseyez-vous, Miss Levin, je vous en prie. »

Cela fait, Lord Goold contemple la montagne de difficultés qui se dresse devant lui : elle est assise, elle est grande et sa tête dépsse le dossier du fauteuil. Elle demande pourquoi, par cette chaleur, on a tiré tous les rideaux et fermé tous les volets ?

« Justement pour avoir frais... », a répondu Lord Goold, en frappant un grand coup sur la tête de Miss Levin. – Sur quoi Lady Goold survient et, observant son travail d'un œil mauvais, demande :

« Qu'est-ce que tu as fait ?

– Je l'ai assommée ! C'est toi qui voulais...

– Elle respire encore. Tue-la !

– Ah ! non.

– Tue-la, je te dis !

– Non !

– Prends un couteau et tue-la, sinon !... Allez, tiens... bois quelque chose. »

Lord Goold, baronnet d'Irlande, boit avant de prendre le couteau dans ses mains d'ivrogne. Et il coupe le cou de Miss Levin, en deux fois car il tremble, en murmurant entre ses dents jaunies :

« Je te déteste... Violette... *I hate you !* »

Comme si c'était elle qu'il tuait.

Alors seulement, Lady Goold s'est penchée sur la victime, sur son sac, sur ses poches. Mais elle n'a rien trouvé, pas un sou, sauf des bijoux faux. – Alors elle a pris les clefs de l'appartement de Miss Levin et a couru dans les rues ensoleillées, en rasant les murs. Elle a fouillé tous les tiroirs, tous les coffrets, toutes les malles... Rien. Elle est donc revenue en courant toujours, et sûre d'avoir compris :

« L'imbécile ! C'était elle qui voulait nous avoir. Elle n'a rien... Rien du tout, tu comprends ? Tu l'as tuée pour rien ! Pauvre idiot, ivrogne ! »

Affalé sur un canapé, Lord Goold est soudain pris d'un rire hystérique, un rire énorme, étouffant, inhumain. Et il regarde sa femme sans bouger. Elle a traîné une malle énorme dans le salon, elle est allée chercher des chiffons, des serpillières, des seaux, des cuvettes, et tous les couteaux de la cuisine. Puis elle se met au travail. Le spectacle n'ayant rien de réconfortant pour un alcoolique, Lord Goold a préféré fermer les yeux. Car cela a duré des heures, morceau par morceau.

Enfin, le corps de Miss Levin, débité, empaqueté, et ficelé, s'est trouvé rangé dans la malle, dans le désordre.

Lady Goold a gardé le plus compromettant, la tête et les bras, dans une petite valise.

Elle a réveillé le baron qui dormait comme une souche, pétrifié sur son canapé. Et ils sont partis jusqu'à la gare, où Lady Goold a hurlé :

« Porteur !... »

De Monte-Carlo à Marseille, ils ont voyagé ainsi, avec la malle au-dessus de leurs têtes, et la valise à leurs pieds.

Lady Goold devisait aimablement avec ses voisins de compartiment, racontant qu'ils venaient, le baron et elle, de passer un séjour charmant en Italie, pour brouiller les pistes.

A Marseille, Lord Goold n'était plus qu'un fantôme ivre et titubant, que sa femme tirait par la main comme un gosse :

« Tu vas dire au porteur de charger cette malle, et de l'expédier à Londres... Allez ! file !... »

Mais le porteur flegmatique ne comprend rien à ce que lui raconte ce vieux gentleman rougeaud et agité, à l'accent terriblement compliqué par des restes de whisky :

« Vous la voulez où, cette malle ? Dans quelle gare à Londres ? »

L'Anglais n'a pas l'air fixé...

« C'est à quel nom ? »

Il n'a pas l'air fixé non plus sur son nom.

« En express ou normal ? »

Lady Goold se précipite avec autorité au secours de son mari. En un clin d'œil, elle donne faux nom, fausse adresse, et paie l'homme ! Bien payé même : un demi-louis ! Le porteur en devient aimable et empressé :

« Votre adresse à Marseille, pour le bulletin ? »

Lady Goold ne peut empêcher son mari de répondre instinctivement, comme d'habitude, pour faire riche :

« *Hôtel du Louvre et de la Paix !* »

Le plus grand hôtel de Marseille à l'époque. Le porteur en devient obséquieux.

« Permettez, monsieur... Donnez-moi votre valise, je vous la porterai jusqu'au fiacre ! »

De rouge qu'il était, Lord Goold devient vert.

« Non ! non !

— Mais si... laissez-moi faire...

— Non !... Je dis que non ! vous comprendre ? Je dis non... *You understand ? You* compris ? »

Bizarre, il crie bien fort ce client. Et son gendarme d'épouse l'entraîne bien vite ! Pourtant la valise a l'air lourde... Songeur, le porteur charge la malle jusqu'au hall d'expédition, où il raconte l'incident à l'employé, lequel jette un œil soupçonneux sur le

colis. Et voilà qu'il lui trouve une odeur bizarre...
Dès lors, tout va très vite : on court chercher la
police, on ne trouve que la moitié de ce que fut Miss
Levin, c'est donc que l'autre moitié se trouve dans la
valise que l'Anglais n'a pas voulu confier au porteur, et le tout doit être à l'hôtel du Louvre et de la
Paix !

On aurait pu croire que, devant tant d'impruden-
ces accumulées, le couple ne serait pas à l'adresse
indiquée... et qu'il songerait à autre chose qu'à conti-
nuer ses petites escroqueries minables. Erreur. Le
portier les a vus entrer en se chamaillant. Elle a
demandé qu'on leur monte à dîner et qu'on ne les
dérange pas. Lui, il avait l'air bien fatigué...

Le policier se frotte donc les mains; c'est à peine
croyable, il va arrêter ces deux-là tout seul et comme
un grand ! Il va les surprendre au nid ! Ce genre de
choses est excellent pour l'avancement.

Là encore, on pourrait croire que le policier sera
assez malin pour prendre les clefs du concierge,
monter en catimini jusqu'à la chambre 66, les
menottes d'une main et revolver de l'autre. Erreur.

Il prend l'escalier principal d'un pas décidé et
frappe à la porte du 66, et là, au milieu d'un bruit de
dispute, une voix féminine répond :

« Allez-vous-en ! J'ai dit qu'on ne nous dérange
pas ! »

Alors, bêtement, le policier rétorque :

« C'est la douane ! C'est à propos de votre
malle ! »

On croit rêver... De l'autre côté de la porte, il se
fait un grand silence. Une minute passe. Puis un
léger remue-ménage. Et d'un seul coup, la porte
s'ouvre. Bousculé d'une main ferme, le policier se
retrouve par terre, tandis que lui passent sur le corps
et dans l'ordre, Lady Goold puis son mari, l'une
traînant l'autre.

C'est la poursuite infernale. Le couple saute dans
un fiacre qui attendait le client devant l'hôtel et s'en-

fuit au grand galop, tandis que le policier, coudes au corps, s'élance derrière, suivi par le concierge de l'hôtel.

S'apercevant que les coureurs à pied gagnent du terrain, Lady Goold se résigne à employer les grands moyens. D'une main, elle tend des pièces d'or au cocher, qui n'en demande pas plus, et de l'autre elle jette le reste dans le sillage du fiacre. Au diable l'avarice et leur dernière fortune, il s'agit d'échapper à la justice !

L'effet est immédiat et les passants sont bientôt à quatre pattes, se chamaillant pour ramasser les pièces et bloquant la poursuite du policier.

Le malheureux, époumoné, se retrouve alors noyé dans un groupe de gens surexcités qui s'arrachent cette fortune tombée du ciel. Alors il emploie lui aussi les grands moyens, il n'y a pas de raison. Grimpé sur un réverbère et dominant la foule, il hurle :

« Ce sont des assassins ! Ils cherchent à s'enfuir ! Il y a une prime pour le premier qui les attrape. »

Là aussi, l'effet est immédiat. A noter toutefois que l'un des poursuivants demande de combien est la prime, sans obtenir de réponse ! Ils sont vingt, cinquante, cent maintenant qui courent derrière le fiacre, dont les trois quarts, d'ailleurs, ne savent même pas pourquoi ils courent, sinon que d'autres courent, et qu'il vaut mieux courir avec les moutons.

Et c'est ainsi que Lord et Lady Goold seront enfin arrêtés, cernés par une foule hurlante, dont le policier aura bien du mal à se débarrasser, étant entendu qu'il ne pouvait pas attribuer la prime promise sur le champ, ni même dans l'avenir. A qui se fier...

Privé de whisky, le vieux lord mettra trois mois à reprendre ses esprits : delirium et cauchemars l'empêcheront même de se rendre compte qu'il est en prison. « Lady Violette », elle, se contentera de nier tout en bloc, avec une mauvaise foi sidérante.

C'est au cours d'une confrontation chez le juge de

Marseille qu'ils admettront enfin leur crime et raconteront les détails de l'opération, ainsi que décrits plus haut.

Mais le procès fut remarquable. Citons Lord Goold, par exemple :

« N'accablez pas Lady Goold, messieurs, elle s'est un peu emportée ! N'est-ce pas, *darling*, nous ne voulions pas tuer ? Ce fut un regrettable accident ? »

Et Lady Goold, encore :

« Mon mari a raison, c'est un accident ! On lui a fait avouer n'importe quoi, le pauvre cher était souffrant, et il ne se rappelle même plus, n'est-ce pas, *darling* ? »

C'est qu'il y avait du beau monde dans la salle et que, quoi qu'il arrive, quand il y a du monde, il faut tenir son rang.

Lady Violette, considérée comme l'instigatrice du crime, fut condamnée à mort, mais grâciée, car on n'exécutait plus les femmes de 1908; Lord Goold est parti pour Cayenne, où il mourut laborieusement peu de temps après car, sans whisky, il ne supportait rien.

UN SUSPENSE DE FUMÉE

Monsieur KARL MEYERBAUNN
185 Kœnigstrasse,

à

Monsieur le Procureur de BERLIN

Le 19 décembre 1937

« Je m'appelle Karl Meyerbaunn. Je suis né le 19 décembre 1856 à Varsovie, et j'ai l'honneur de vous demander un entretien en particulier. Je dois faire des révélations à la Justice. »

Un procureur reçoit presque autant de courrier qu'une star de cinéma. Un procureur, comme une star de cinéma, ne répond pas lui-même au courrier. Il a un service, pour cela, plus qu'un service ! Une administration ! Une administration lente, qui trie d'abord le courrier des affaires en cours, qui trie ensuite les plaintes nouvelles, répartit les dénonciations anonymes, et classe les témoignages écrits. Tout ce qui peut être rangé quelque part trouve une place et même les corbeilles à papiers sont pleines.

Que faire d'une petite lettre comme celle de M. Karl Meyerbaunn dont l'écriture appliquée et soigneuse ne révèle rien ?

Trois semaines d'attente. 7 janvier 1938 : un secrétaire répond enfin. C'est-à-dire qu'il utilise un formulaire tout préparé :

« Monsieur Un tel... est prié de bien vouloir indiquer ci-dessous le motif de sa demande d'audience. »

Référence 3532/AF/

Le secrétaire n'a plus qu'à signer « Pour Monsieur le Procureur » et à écrire l'adresse sur une enveloppe de l'administration.

Dès le surlendemain la réponse arrive.

Le 9 janvier 1938

« J'ai l'honneur de préciser le motif de ma demande : j'ai des révélations à faire à la Justice. »

Réponse :

« Veuillez indiquer les références de votre dossier. »

Réponse :

« Je m'appelle Karl Meyerbaunn, je n'ai pas de références de dossier. »

(Et pour cause, il n'y a pas de dossier.)

C'est un dialogue de sourds. Et pourtant il s'agit bien de deux humains pareillement construits. Deux yeux, deux oreilles, et un cerveau chacun. Seulement l'un des deux est dans l'Administration. L'autre est un très vieux monsieur de quatre-vingt-un ans. Et ils ont chacun leur logique, qui les rend adversaires.

Plusieurs semaines passent ainsi. Les deux adversaires s'observent. Le vieux monsieur pense que l'autre va réagir, il attend qu'on le convoque.

L'Administration attend qu'on la relance, c'est normal pour une machine. C'est à l'administré de faire les efforts. C'est à lui de deviner ce que la machine ne comprend pas, pourquoi elle ne le comprend pas, et d'y remédier. Dans ce cas-là, le mieux est de tout reprendre à zéro.

17 février 1938

« J'ai l'honneur de vous rappeler ma lettre du 19 décembre 1937 dans laquelle je vous demandais un entretien en particulier. N'ayant pas reçu de réponse, je me permets de renouveler ma demande.
« Très respectueusement... »

Réponse : Une circulaire à nouveau :

« M. le Procureur reçoit les mardi et jeudi de neuf heures à onze heures. »

L'homme aura beau faire, les machines qu'il invente ne seront jamais parfaites. La réponse n'est pas exactement conforme à la demande.
Le vieux monsieur attendait un rendez-vous, pas une salle d'attente. Mais il est là. Depuis neuf heures du matin. Il faut savoir qu'il était là, et que tous les gens qui étaient là en même temps que lui n'ont jamais eu le temps de passer avant onze heures.
Alors, ayant épuisé son attente, le vieux monsieur s'en est allé.

Nouvelle lettre. Nouvelle tentative de l'administré pour se faire comprendre. Il essaie le juge cette fois. Et il a toujours l'honneur de solliciter un entretien pour des révélations qu'il estime devoir faire à la Justice de son pays.
Cette fois la réponse est encourageante :

« S'il s'agit d'un témoignage sur une affaire en cours, veuillez vous présenter au commissariat de votre quartier qui recevra votre déposition.

« S'il s'agit d'une plainte, veuillez écrire à M. le Procureur qui transmettra. »

Voilà qui est clair.

S'agit-il d'une plainte ? Non, puisque le vieux monsieur se rend au commissariat de police de son quartier, et qu'il est reçu par un adjoint fort pressé. On ne peut pas s'empêcher d'imaginer la scène ainsi :

« C'est pour quoi ?

– Je m'appelle Karl Meyerbaunn; je suis né le 19 décembre 1856 à Varsovie...

– C'est à quel sujet ?

– Je suis veuf, et je n'ai plus d'enfants, mon fils unique est mort pendant la guerre, en 1917.

– Que vous est-il arrivé ? Vous voulez faire une déposition ? »

Mon Dieu, monsieur l'Adjoint pressé, en réalité ce n'est pas une déposition, que voudrait faire ce vieux monsieur-là. C'est toute une histoire qu'il voudrait vous raconter, et il faudrait qu'il le fasse tranquillement pour que vous compreniez. Mais comme vous êtes pressé, il dira l'essentiel.

« Ma femme est morte le 3 décembre dernier, et c'est ma faute.

– Comment ça ? Vous l'avez tuée ?

– En quelque sorte, monsieur. Puisqu'elle est morte à cause de moi. »

Enfin l'œil du policier doit porter un brin d'intérêt au vieillard.

Ce qui revient à dire que le reste du monde veut

bien écouter Karl Meyerbaunn, pour la première fois depuis trois mois.

Il répète son nom, son adresse, sa date de naissance... sa profession : retraité des chemins de fer.

Et voici sa déposition. Enfin ce que l'on appelle sa déposition. Ce ne sont pas les mots qu'il a employés, c'est la traduction administrative de ce qu'il a tenté d'expliquer.

« Entendons le sieur... qui nous déclare :

« J'ai provoqué la mort de mon épouse Stephanie Meyerbaunn, née Foldstein, âgée de soixante-dix-huit ans, à la suite d'une discussion de ménage. Je m'estime responsable de son décès, mais je n'ai pratiqué sur elle aucun acte de violence prémédité. Cependant je demande une enquête. Lu et approuvé, persiste et signe. »

En annexe, il est joint un certificat de décès en bonne et due forme qui révèle que Stephanie Meyerbaunn est décédée à son domicile, le 3 décembre 1937, des suites d'une longue maladie. En conséquence de quoi le permis d'inhumer a été délivré.

Dommage. Dommage que l'on ne retrouve pas dans les dossiers la description de la tête du policier qui a enregistré cette déclaration :

« Discussion de ménage... longue maladie... ci-joint certificat... Cependant, je demande une enquête... »

Que peut dire le policier, sinon :

« Allons, rentrez chez vous, grand-père... A votre âge on a le droit de perdre la tête, mais c'est très vilain de faire perdre son temps à un officier de police dans l'exercice de ses fonctions. »

Le vieux monsieur a peut-être demandé :

« C'est tout ? »

Et on lui a peut-être répondu avec impatience :
« C'est tout ! »

Or c'est une sorte de petit miracle que le dossier de Karl Meyerbaunn ait été reconstitué et surtout qu'il ait franchi toutes ces années. Il a été retrouvé dans un lot d'archives de la police allemande, avec d'autres dossiers bien plus importants. Mais point n'est besoin d'être important pour exister.

Il n'y eut pas d'enquête. Après sa déposition en mars 1938 – un drôle de printemps – Karl Meyerbaunn a dû rentrer chez lui. Et il a dû attendre vainement qu'il se passe quelque chose. Il s'en passait des choses pourtant autour de lui. Des choses qui concernaient tous les Meyerbaunn du pays. Mais pas lui. Pas le vieux monsieur coupable de quatre-vingt-un ans qui réclamait justice.

A-t-il été dénoncé ? Faisait-il partie d'une liste établie quartier par quartier ? Rue par rue ?

Quoi qu'il en soit, des policiers un jour se présentent au domicile de Karl Meyerbaunn. Ils viennent lui signifier qu'il est coupable effectivement, coupable d'être juif.

Mais le vieux monsieur n'est pas là. Il n'entendra pas ce qu'on a à lui dire de cette culpabilité-là. Tant mieux, car elle ne l'intéresse guère.

L'appartement est vide. Tout y est soigneusement rangé. Il n'est plus habité depuis un certain temps. La poussière en témoigne.

Les policiers stupides feront leur travail malgré tout. Ils sont venus confisquer les biens Meyerbaunn; ils confisquent.

Et les voilà qui confisquent la vie, la philosophie, les doutes et les remords de Karl Meyerbaunn. Les voilà qui confisquent quatre-vingt-un ans d'existence. Le seul bien précieux qui ne soit pas monnayable.

C'est un dossier. On y trouve bien rangés, épinglés

par ordre de dates, les doubles des lettres du vieux monsieur à l'Administration, les réponses, et aussi des ordonnances d'un médecin, une facture des pompes funèbres. Et une lettre.

Comme elle n'est adressée à personne, chacun peut la prendre pour lui.

Elle commence par la litanie du début : « Je m'appelle Karl Meyerbaunn, je suis né le 19 décembre 1856 à Varsovie et j'ai des révélations à faire... »

Et puis le style change. Le vieil homme parle enfin naturellement puisqu'il ne parle à personne, et c'est un discours de solitude.

« Stephanie, ma pauvre femme, est dans l'éternité. Je me souviens du jour où elle est tombée malade. C'est une injustice qu'il m'est dur de supporter. Elle est paralysée. Son cœur est à bout de force. Je dois vivre avec elle comme avec un enfant fragile. Elle ne doit pas avoir froid, ni peur. Je dois lui parler doucement, et ne jamais la contrarier. Je dois la guider jusqu'à la mort que le destin aura choisie. Je dois prier pour ne pas mourir avant elle, et pour conserver ma force.

« Il faut maintenant que je dise mon remords, car je suis un vieillard et ma raison est sénile.

« Quand Stephanie me dit qu'elle ne veut pas partir de la maison, je lui dis qu'il faut obéir. Elle ne veut pas que je l'emmène à l'hôpital. Elle dit que nous serons séparés, que j'irai en prison, et qu'elle mourra seule.

« Moi je dis le contraire. Je crois que l'hôpital est un bienfait. Ils ont là-bas des gens qui savent empêcher que les malades étouffent et qu'ils meurent. Stephanie, ma femme, me dit que je suis un entêté et que je ne comprends pas la situation.

« Je ne sais pas de quelle situation elle parle. Je crois seulement qu'il faut que je me fâche et qu'elle écoute ce que j'ai à dire, et ce que je décide.

« Stephanie ne comprend pas que moi son mari j'ai peur de m'endormir. J'ai peur qu'elle étouffe pendant que je dors. Si je dors, je ne peux pas surveiller. Je crie et Stephanie crie aussi.

« Ma femme dit qu'elle ne peut plus respirer, et qu'elle va mourir. Elle dit qu'elle va mettre son mouchoir sur sa bouche, jusqu'à ce qu'elle meure, comme ça elle ne me quittera plus jamais. Je n'arrive pas à la calmer, elle garde le mouchoir.

« Quand je l'enlève, elle ne respire plus. Ma femme est morte, c'est à cause de moi. C'est ma faute. Je dois m'en accuser devant Dieu et devant les hommes. Ils ne veulent pas me juger.

« Je dois me présenter seul à mon juge, je suis coupable. »

Voilà ce qu'ont confisqué les policiers stupides, puisqu'il n'y avait rien d'autre. Et d'autres policiers ont dû venir les jours suivants pour une enquête dérisoire et rapide.

On avait trouvé le corps d'un vieillard qui s'était pendu dans la forêt. Depuis quelques jours il était à la morgue, personne ne l'avait identifié. Quelqu'un a dû le faire parmi les voisins. Quelqu'un a dû dire à un policier stupide :

« C'est le vieux juif que vous cherchiez. »

C'est ainsi qu'on a refermé un dossier tout petit avec un dernier tout petit papier. Le certificat d'identification de la morgue.

Ensuite il s'est passé des discours, des bombardements et des folies collectives, le monde a explosé.

Jusqu'au jour où un documentaliste, en cherchant autre chose, est tombé sur le petit dossier.

Il était inclassable. Il ne ressemblait à aucun autre. Ni crime, ni enquête, ni juge, ni assassin, ni procès, ni témoignage, ni photos.

Un simple petit paquet d'une dizaine de feuilles,

photocopiées par un archiviste consciencieux, sans plus.

Le reste, tout le reste, il fallait le deviner, le recoller, sans connaître les visages et les détails. Une sorte de puzzle fragile, un échafaudage de fumée.

LA LUNE DE MIEL DE BARBARA

BARBARA espérait mieux de son voyage de noces. Beaucoup mieux... « Il » avait promis une croisière splendide, le tour des Bahamas et même un petit voyage à Cuba.

Le résultat est un bateau minable, un récif de corail soi-disant imprévu, un naufrage idiot, et cinq cents mètres à la nage jusqu'à la terre. Cette terre qui n'en est pas une : de la lave, du corail, de la lave et encore du corail. 5 000 mètres carrés de roche désertique, avec pour tout abri un vieux phare à moitié démoli. Barbara contemple son mari, Benton. Il y a une semaine encore à Nassau, c'était le grand amour, un coup de foudre comme on en voit dans les romans, le mariage express et la photo souvenir : Barbara dix-huit ans, rousse, belle, plus belle qu'une star d'Hollywood, et Benton vingt-cinq ans, en smoking et nœud papillon, éclatant de santé, style maître nageur bronzé et heureux.

Aujourd'hui, Benton a le visage apeuré et mauvais des gamins qui ont fait un sale coup. Et son petit camarade Johnson ne vaut guère mieux.

D'où sortent les armes qu'ils traînent avec eux ? D'où vient leur air de pirates minables et sans butin ?

Seule avec ces deux garnements sur un îlot désert des Bahamas, Barbara a préféré se réfugier dans le phare abandonné, et organiser leur vie de Robinsons. Quelques vivres, et de quoi faire du feu. Elle n'a pas peur, Barbara. C'est une fille solide, aussi belle que solide, qui a appris à se servir aussi bien de ses yeux verts que de ses nerfs. A dix-huit ans, Barbara est une aventurière, une vraie.

Samedi 23 avril 1960, en Floride. Un magnifique voilier de 12 mètres quitte le port d'Islamada : le *Muriel III*. Le capitaine Augus, cinquante ans, connaît les eaux de Floride comme sa poche. Le second, Kent, vingt ans, navigue depuis sa première dent. Passagers, trois : Stanton, Chester et Edward, trois fanatiques de la pêche en mer, jeunes, gais, prêts à tout, sauf peut-être à ce qui va suivre.

Dimanche 24 avril 1960. C'est l'aube.
Le capitaine Augus cherche un mouillage. Il longe un groupe d'îlots volcaniques, et surveille le fond attentivement. Une ligne bleue serpente entre les récifs, c'est un passage délicat...
6 h 10. Le capitaine Augus note sur son livre de bord : « Aperçu débris d'une épave et fragments de coque, continuons route vers le sud. »
Sept heures. Le capitaine Augus observe à la jumelle un îlot qu'il vient de repérer sur la carte : Elbow Cay. Une série de signaux lumineux incompréhensibles vient d'attirer son œil... Le second, Kent, est tout excité :
« On met le cap sur l'îlot, capitaine ?
– Doucement, mon gars, doucement...
– C'est sûrement des naufragés, capitaine, l'épave... ça doit être celle de leur bateau !... »
Les trois pêcheurs, Stanton, Chester et Edward abandonnant leurs lignes se joignent au second pour inciter le capitaine à aller voir ce qui se passe.
Mais le capitaine hésite. Il est méfiant. Ces îlots désertiques sont souvent le refuge des Cubains en rupture de révolution, ou qui la préparent.

Depuis que Castro est au pouvoir, chaque capitaine de bateau se méfie de la moindre crique déserte où les pirates s'agrippent comme des arapèdes...

Lentement le *Muriel III* se rapproche de l'îlot, et les hommes aperçoivent bientôt le phare démoli... Deux ombres s'agitent au bord de l'eau, criant et levant les bras frénétiquement...

A cent cinquante mètres du rivage, le capitaine stoppe le *Muriel III* et observe les deux naufragés qui l'interpellent :

« Vous ne jetez pas l'ancre, capitaine ?

— Une minute. Je veux savoir... qui êtes-vous ?

— Benson, et Johnson... on a sombré il y a quatre jours !

— Quel bateau ?

— Le *Star* de Miami...

— Vous êtes seuls ?

— Non, ma femme est là aussi... »

Debout au pied du phare, Barbara vient d'apparaître, et c'est la plus jolie naufragée qui soit avec son short et ses cheveux roux éclatant dans le soleil. Du coup, les trois pêcheurs et le second se sentent des âmes de sauveteurs. Mais le capitaine est toujours méfiant. Depuis le temps qu'il sillonne ce coin de Floride, il a appris à ne pas faire confiance aux sirènes. D'autant plus que l'un des naufragés, Johnson, s'est brusquement jeté à l'eau pour gagner le bateau...

Le capitaine vire de bord immédiatement et ordonne :

« Ne le laissez pas monter à bord, je vais prévenir les gardes-côtes ! »

7 h 30. Le capitaine Augus note sur son livre de bord : « Signalé par radio présence de trois survivants du *Star* de Miami, sur Elbow Cay... gardes-

côtes envoient un cutter dans dix ou douze heures...
Naufragés informés, disposent de vivres suffisants,
je m'éloigne pour la matinée. »

Le second et les trois pêcheurs ne sont pas tout à
fait d'accord. Ils ne comprennent pas très bien pourquoi le capitaine Augus se méfie au point d'abandonner trois personnes sur ce rocher de 500 mètres
de large. Mais le capitaine est maître à bord, on ne
discute pas.

D'autant plus qu'il a cent millions de fois raison,
la preuve en sera faite tout à l'heure...

Douze heures. Le capitaine Augus amène le
Muriel III à quelques encablures de l'îlot.

Johnson, Benton et sa femme Barbara font de
grands signes de joie en les voyant revenir...

Les trois pêcheurs et le second insistent à nouveau.

« Capitaine, ils n'ont pas l'air méchant... Lais-
sez-les venir...

– C'est ridicule, capitaine... Cette femme doit être
épuisée... »

Le capitaine Augus réfléchit. S'il était sûr qu'il n'a
pas affaire à des Cubains, ou à des révolutionnaires
quelconques, il les embarquerait tout de suite. Mais
quelque chose le retient encore, et il ne sait pas quoi.
L'allure des deux hommes, leur façon de crier des
explications trop simples, trop honnêtes.

Johnson crie justement :

« Capitaine, laissez-moi me servir de votre radio,
je voudrais prévenir le propriétaire du *Star* à
Miami...

– Comment s'appelle-t-il ?... »

Mais le nom est incompréhensible, le vent ne permet pas de comprendre les syllabes, et le capitaine
poussé par les autres se sent un peu ridicule d'être
aussi méfiant. Il cède :

« O.K., montez à bord et appelez vous-même ! »

C'est Johnson qui plonge, laissant Benton et Barbara sur le rivage; il parcourt les 150 mètres, d'un crawl parfait, et se hisse à bord en souriant. Il se répand en explications sur les circonstances du naufrage, raconte que son ami Benton vient de se marier, que la jeune femme là-bas est en voyage de noces... et ci, et ça...

Il parle, parle, il n'a pas l'air pressé de lancer son message radio au propriétaire du *Star,* perdu corps et biens cependant...

Le capitaine Augus s'impatiente :

« Monsieur, je désire poursuivre ma route, les gardes-côtes seront là dans six heures maintenant au plus tard, la radio est là... Faites, s'il vous plaît ! »

Johnson, assis sur le bastingage, les mains dans son short, détendu, acquiesce, se lève comme pour suivre le capitaine jusqu'au poste de radio, puis sa voix claque :

« Une minute, capitaine ! »

Il ne sourit plus. Il a déplié 1,85 m de muscles, et l'une de ses mains a surgi de sa poche, un calibre 38 au bout...

« Du calme. Tout le monde à l'arrière... »

Voilà. Le capitaine en était sûr. Mais il est trop tard pour se traiter d'idiot. Johnson, l'œil mauvais, fait reculer les trois pêcheurs, et le second, et s'adresse à nouveau au capitaine.

« Vous avez des armes à bord ?

— Une carabine pour les requins...

— Où ?

— Au-dessus de ma couchette... »

Johnson recule, pénètre dans la cabine, attrape l'arme, l'examine rapidement, et la jette sur le pont. Puis il tire en l'air pour avertir ses compagnons de venir le rejoindre, manœuvre lui-même le *Muriel III,* et jette l'ancre.

Benton s'est jeté à l'eau, il nage aussi bien que son comparse, dans deux minutes il sera là. Barbara est restée sur le rivage, elle regarde. Sur le pont, Johnson menace toujours. Les trois pêcheurs sont paralysés; Kent, le second, regarde la carabine à un mètre de lui, fasciné mais immobile. Le capitaine réfléchit et à toute vitesse, car il ne lui reste qu'une minute pour tenter quelque chose.

Soudain, le capitaine Augus pousse un faible cri, trébuche, les deux mains rivées sur son cœur. Il plie un genou, et devient si pâle que tout le monde le croit.

« Mes pilules... S'il vous plaît... Donnez-moi mes pilules... Là, près de la barre... »

Surpris, Johnson fait un pas en arrière, et cherche des yeux les pilules en question. Il aperçoit une boîte métallique, regarde le capitaine qui paraît si blanc, et s'éloigne légèrement pour attraper la boîte.

A genoux sur le pont, le capitaine murmure à l'intention de son second.

« La carabine, vite... pousse-la vers moi... »

Cinq secondes en tout. Kent saisit l'arme, la jette au capitaine qui l'attrape au vol, se redresse et hurle :

« Couchez-vous ! »

Il tire presque en même temps.

Mais la culasse a fait un petit clic dérisoire, à vide...

Le capitaine s'en était servi la veille sur un requin, et ne l'avait pas rechargée. Mais il n'a que le temps de s'en rendre compte, car Johnson s'est retourné comme à l'entraînement, jambes pliées, bras tendus et a tiré deux fois.

Le capitaine s'écroule. Une balle a traversé l'œil gauche, sa tête a sursauté sous le choc, l'autre a percuté le bras et s'est logée dans la poitrine. Il tombe sans lâcher sa carabine. Johnson se jette sur lui, arrache l'arme et la jette à la mer. Il a été surpris lui-même de la rapidité de l'action, car sa première idée était de débarquer tout le monde sur l'îlot, et de s'emparer du bateau...

A présent, il regarde le capitaine, sa terrible blessure, et tout ce sang. Il n'est pas mort. Il gémit doucement...

Dégoulinant d'eau, Benton escalade enfin l'arrière du bateau et contemple le désastre...

Le second veut approcher, il l'en empêche. L'un des pêcheurs insulte Johnson sans bouger.

« Espèce de dingue... Il faut le soigner maintenant, appelez du secours ! La radio, bon sang, qu'est-ce que vous attendez !

— Ne bougez pas ! » hurle Johnson.

C'est à son tour de réfléchir. Et manifestement il ne sait plus que faire. Benton s'en rend compte, et les deux pirates discutent hargneusement sur le pont.

« Il ne s'en tirera pas, Johnson... T'es complètement fou, qu'est-ce qu'on va en faire maintenant ?

— Il a voulu me tirer dessus ! C'est sa faute ! On n'a qu'à le débarquer...

— Et les autres ? Et les gardes-côtes qui sont prévenus ? Tu crois qu'on ira loin ? S'il meurt, on est foutu !

— S'il meurt, on descendra les autres, et c'est tout ! »

Les autres, ce sont quatre hommes de vingt à trente ans, bien vivants, figés de peur. Quatre futurs cadavres alors ? A tuer de sang-froid ? Johnson en est capable. Et Benton aussi sans aucun doute. Ils pensent qu'ils n'ont plus le choix. Il leur faut ce bateau, mais avant d'accomplir un carnage, de prendre le risque d'être poursuivi pour meurtre, Johnson estime qu'il faut débarquer les otages, si le capitaine n'est pas mort, leur cas est moins grave; mais Benton est moins intelligent :

« On n'a pas le temps de descendre la chaloupe ! Qu'ils y aillent à la nage !

— Avec un blessé ? Il ne peut pas nager ! Et les requins ? Ce type est plein de sang...

– Justement... Les poissons feront notre boulot... S'ils en réchappent on verra bien... »

Benton est décidément aussi bête que lâche. Il croit avoir trouvé la solution :

« Allez ! Sautez ! Tout le monde au bain... »

Les autres n'ont aucun moyen de faire autrement, alors... Doucement, Kent le second et Starton, l'un des pêcheurs, immergent le corps du capitaine qui gémit toujours. Presque aussitôt une gigantesque mare de sang s'étale dans la mer, et il faut faire vite. Les barracudas sont toujours les premiers, et les requins foisonnent. Tant qu'il n'y a pas de sang, le risque est moindre, mais dans ce cas... Soutenant le corps du capitaine hors de l'eau le plus possible, les quatre hommes nagent vers la crique. Chaque brassée est une angoisse, chaque effleurement de l'eau sur les jambes est un supplice... Kent bat des jambes à l'arrière du cortège, avec frénésie... Il a entendu dire que le bruit éloignait les requins...

Au pied du phare, Barbara regarde toujours. Elle suit la lente procession des malheureux, une main au-dessus des yeux pour éviter le soleil.

Elle n'a pas crié, elle n'a pas bougé d'un pas. Elle n'a pas tenté de rejoindre son mari à bord. Elle regarde.

Les requins n'ont pas eu le temps d'arriver. Les quatre hommes rampent sur le rivage, tirant le corps du capitaine avec l'énergie du désespoir. Il ne faut pas qu'il meure, car s'il meurt les autres les tueront...

Déjà on les voit discuter sur le pont. Benton doit être furieux, car son plan n'a pas réussi.

Épuisés, écorchés par le corail, les nouveaux naufragés reprennent leur souffle. Kent est penché sur le capitaine qui respire avec difficulté. La blessure est horrible... On ne voit presque plus le visage, mais il vit encore. Pour combien de temps ? Quelques minutes ?

Mais Benton et Johnson ont suivi les naufragés.

« Debout ! Allez, debout tout le monde », ordonne Johnson tandis que Benton demande :

« Il est mort ?

– Non, avec du secours il s'en sortirait. »

Le second a menti. Le capitaine est en train de mourir. Il le sait, mais mentir est leur seule chance, puisque Benton ordonne à nouveau :

« Debout ! on va vous enfermer dans le phare. »

Toujours silencieuse, Barbara s'est approchée. Elle a regardé le capitaine sans émotion apparente, et dévisagé les quatre hommes. Enfin elle parle. Elle s'adresse à son mari, d'une voix sèche.

« Qu'est-ce que tu vas faire de ces gens-là ?

– On va leur prendre leur fric, leur bateau, et les laisser dans le phare. Si celui-là crève, on les descendra, c'est la seule solution. Un mort ou cinq c'est la même chose, au point où on en est... »

Barbara ne répond rien. On dirait qu'elle observe la situation sans plus. Une fourmilière ne l'intéresserait pas davantage, semble-t-il. Benton ordonne à nouveau, et le second, Kent, doit charger le capitaine sur son dos, pour marcher jusqu'au phare. Les autres suivent, en file indienne. Les deux pirates se tiennent à distance respectueuse, craignant une tentative. Ils n'ont qu'une arme, le calibre 38, et ils sont deux, contre quatre. Or, sur la terre ferme, on ne sait jamais qui aurait l'avantage.

Le phare est à une centaine de mètres du rivage, sur les rochers. Pieds nus, Kent avance difficilement. Le capitaine est lourd, si lourd. Son corps glisse dangereusement sur les épaules de son second, et Kent a soudain une sensation horrible; il sent qu'il ne porte plus qu'un cadavre.

Il est 12 h 15, ce dimanche 24 avril 1960. Et le capitaine Augus vient de mourir. Un quart d'heure à peine s'est écoulé depuis que les pirates sont montés à bord du *Muriel III*.

Kent est obligé de reprendre souffle. Il installe le corps du capitaine, comme s'il était vivant, l'adosse à un rocher et se penche sur lui, pour le dissimuler au regard de Benton et Johnson...

« Courage, capitaine... Les secours arrivent. On va vous allonger à l'ombre; ça va?... Ne parlez pas surtout! Restez tranquille... »

Parler à un mort est une chose épouvantable. Le soigner, comme s'il était vivant, est pire que tout... Mais Benton est dans le dos de Kent...

« Dépêchez-vous, on n'a pas de temps à perdre... Il est mort?

– Non, il s'en tirera, je vous dis! Il en a vu d'autres! »

Et Kent reprend son fardeau, sans regarder les autres. Pour ne pas qu'ils voient sa peur, pour ne pas qu'ils s'affolent. Il espère on ne sait quoi, un miracle. Car une fois arrivés au phare, les pirates se rendront compte que le capitaine est mort, et ils les tueront tous avant de partir.

Les derniers mètres sont un calvaire. L'un des pêcheurs est venu aider Kent. Il soutient les jambes du capitaine. Il a dû voir qu'il était mort, mais il ne dit rien, lui non plus.

La sueur coule sur le visage du second. Le sang inonde son cou et sa chemise trempée. Ses nerfs sont si tendus qu'il souffre de partout...

Enfin, l'ombre du phare, une porte éventrée; Barbara les précède, toujours silencieuse. Kent dépose le corps du capitaine, et prend son visage dans ses deux mains tremblantes. Il fait mine de l'essuyer...

La voix de Benton retentit dans son dos. Lui et Johnson sont restés sur le pas de la porte, méfiants.

« Ecartez-vous, je veux voir de quoi il a l'air. »

L'une des mains de Kent, glissée sous la nuque du capitaine, lui obéit sans qu'il l'ait vraiment décidé. Elle balance légèrement la nuque du mort de droite à gauche, pour faire croire à un mouvement de la tête... Mais Benton, méfiant, s'adresse à sa femme :

« Barbara, examine-le, dis-nous où il en est! »

Kent a une crispation douloureuse de tout le corps, il pense que tout est fichu.

Barbara se penche. Ses yeux verts croisent le regard de Kent, et un sourire insolite détend son visage.

« Alors, capitaine ? »

Sa voix est détendue, naturelle, inquiète juste ce qu'il faut.

Elle avance son joli visage, tout près de celui du cadavre, penche l'oreille près de la bouche du capitaine et écoute puis répond au cadavre.

« Ne craignez rien, nous allons partir; je ne peux pas vous donner à boire, mais on vous soignera tout à l'heure... là... laissez-moi faire. »

Elle a sorti un mouchoir de la poche de son short, et doucement elle tamponne le front du cadavre...

Benton s'agite.

« Alors, Barbara ? »

– Il va bien. La balle est ressortie, il a perdu beaucoup de sang, mais ce n'est pas si grave. Il perdra un œil, c'est tout ! »

Kent en a le souffle coupé, et n'ose plus bouger.

Barbara prend une gourde d'eau, mouille son mouchoir, l'étale avec précaution sur le front du capitaine, et se redresse tranquillement.

Les autres, recroquevillés dans un coin du phare ont compris, ils ne bougent pas d'un millimètre...

Johnson décide :

« Allez, on se tire; y'a qu'à les laisser là... »

Et il repart en courant sur la rive, tandis que Benton appelle sa femme :

« Dépêche-toi ! On n'emporte rien, le bateau est équipé, y'a du fric et de la nourriture à bord... »

Il n'obtient pas de réponse, et hurle :

« Barbara... tu viens ? »

Barbara répond enfin :

« Je reste, tu ne m'intéresses plus ! File et surtout, que je ne te revoie plus ! »

Il a filé, Benton, sans oser insister ! Son beau

visage de maître nageur bronzé, mais stupide, a disparu de l'encadrement de la porte, et il a détalé comme un lapin et rejoint son complice.

Pourquoi si vite, et si facilement ? Parce que lui et Johnson ne sont que deux minables. Incapables même de gagner Cuba sans pépins.

Quelques jours plus tard, le *Muriel III* a été retrouvé, échoué sur un haut fond près de Rancha Veloz, au nord de Cuba. Une canonnière cubaine a cueilli les deux hommes dans la chaloupe où ils se disputaient encore.

Johnson, c'était Billy Ray, vingt-trois ans, de l'Arkansas, et Benton c'était Alvin Tables, vingt-cinq ans, du New Jersey. Tous deux recherchés pour vols, chèques sans provision et escroquerie. Même le *Star* n'était pas payé. – Emprisonnés à La Havane, ils ont été extradés, jugés à Nassau, et pendus à la prison de Foxhill, tous les deux, le 19 mai 1961.

Mme Barbara Tables était donc veuve à dix-neuf ans, de par la volonté de douze jurés en colère. Mais elle avait sauvé quatre hommes d'un carnage certain. Rousse et belle, avec des yeux verts étonnants, avec des nerfs étonnants. Une femme à suspense.

QUI GEORGES VA-T-IL TUER ?

Quand on est petit garçon ou petite fille, la vie est relativement simple. On vous dit par exemple : ça c'est ton papa... il est gentil, ton papa, tu dois aimer ton papa, et ça c'est ta maman, elle est belle, ta maman, tu dois aimer ta maman. Alors le petit garçon et la petite fille aiment. Ils n'ont aucune raison de ne pas croire ce qu'on leur dit.

C'est comme ça que Georges Lay avait pris l'habitude d'aimer son père et sa mère, comme tout le monde. Et une habitude comme ça on est supposé la garder lontemps, en dépit des modifications ultérieures qui peuvent se produire quant à la gentillesse du papa, et à la beauté de la maman...

Georges Lay, arrivé à l'âge de vingt-sept ans, aimait toujours son père et sa mère. Enfin, si on le lui avait demandé, il aurait répondu qu'il les aimait toujours... L'ennui, c'est que c'était faux. L'ennui c'est qu'il ne le savait pas lui-même et qu'il ne pouvait même pas s'en douter.

C'est le genre de malentendu familial qui tout d'un coup prend de telles proportions qu'on se retrouve contraint de laver son linge sale devant les assises. A ce stade et selon la gravité des faits, il reste peu de temps pour comprendre ce qui s'est passé.

Trois jours pour Georges Lay. C'est les 8, 9 et 10 février 1929, qu'il a compris.

Trois jours pour comprendre qui il était, qui étaient les autres, ce qu'il faisait là, lui Georges Lay, et comment il y était arrivé, au bout d'un long suspense personnel et inconscient; et trois jours aussi pour comprendre que tout ce qu'il avait fait était inutile.

Lorsque le président d'un tribunal procède à l'ouverture d'un procès, il commence toujours par rappeler les faits.

D'abord parce que c'est utile, et ensuite parce que la Justice, au début d'un procès, ne connaît que les faits. Les faits constatés, sur lesquels personne ne discute, et qui vont constituer une base de réflexion commune à la défense comme à l'accusation.

Voici donc le premier fait :

Georges Lay est né en 1902 de Gustave Lay son père, et de Célestine Rose sa mère...

Ça, c'est un fait indiscutable. Mais si l'on demandait à Georges Lay de le commenter, il ne le dirait pas comme ça. Il dirait :

« Je ne me souviens pas être né avant l'âge de cinq ou six ans, c'est là que remontent mes premiers souvenirs : nous habitions une petite maison en brique, et il y avait un jardin. J'étais presque toujours avec ma mère. Ce que je préférais, c'était l'accompagner au lavoir. Elle me faisait asseoir sur la pierre plate, à côté d'elle, et je faisais flotter des morceaux de bois sur l'eau. Chaque fois qu'elle rinçait un drap, c'était comme une tempête, et mes petits bateaux chaviraient, et se cognaient l'un sur l'autre. Le soir, j'avais les mains glacées à force de les repêcher. Je n'aimais pas beaucoup le soir, parce que papa rentrait et faisait du bruit. Il me grondait ou grondait ma mère. Ils se disputaient autour de la soupe, et souvent ils me laissaient tout seul pour aller se disputer dans la chambre. Quand je ne les entendais plus, j'étais bien content. Je ne savais pas à l'époque pourquoi je ne les entendais plus. J'ai compris beaucoup plus tard.

« Je trouvais que ma mère était belle, mais mon père me faisait peur. Il était gendarme. »

Passons au deuxième fait :

Georges Lay a vingt-sept ans, il est marié et père d'un enfant.

« Ce n'est pas si simple que ça, dirait Georges. Avant mon mariage, je vivais chez mes parents. C'était une habitude plus qu'un désir réel. C'était ma maison, j'avais ma chambre, ma mère s'occupait de mes affaires, je travaillais toute la journée, et le soir je ne me demandais pas comment le dîner était servi. Tout était prêt, c'était normal. Mon père et ma mère s'entendaient assez bien, du moins je crois.

« Un jour, une femme est arrivée. Une amie de mes parents, Françoise. Elle était veuve à trente-cinq ans, avec une petite fille à charge. Comme il y avait de la place chez nous, elle s'y est installée avec la gosse. C'est là que tout a commencé à devenir bizarre.

« D'après ce que je sais, mon père a toujours plus ou moins trompé ma mère, mais jusque-là il le faisait en dehors de la maison.

« A l'arrivée de cette femme il a trouvé plus pratique d'avoir une maîtresse à domicile. Ça ne s'est pas fait tout de suite, bien sûr. Il y a d'abord eu des regards bizarres, puis des réflexions...

« Et un jour je suis tombé nez à nez sur eux. Ils s'embrassaient dans le couloir ! Je ne sais pas si ma mère s'en était aperçue vraiment, mais en tout cas elle s'en doutait, je le voyais bien à son air malheureux. Et puis l'ambiance de la maison avait changé.

« La seule fois où j'ai tenté d'en parler à mon père, il s'est mis dans une colère noire. Je me souviens encore de ce qu'il m'a dit : « Tu ferais mieux « de penser à te marier, au lieu de traîner toujours

« dans les jupes de ta mère ! A ton âge, je l'avais « déjà mise enceinte ! »

« C'est à cause de cela que je me suis un peu détaché de la maison. D'ailleurs, mon père avait raison, j'étais en âge de me marier, et j'avais déjà rencontré Marguerite.

« Elle plaisait beaucoup à mes parents, et moi j'étais amoureux. Je me disais que tout allait s'arranger si j'amenais une femme à la maison. Un jour ou l'autre, il faudrait bien que l'invitée et sa fille nous laissent la place. Elles partiraient et la vie serait comme avant.

« Ça ne s'est pas passé comme ça malheureusement.

« Marguerite d'abord ne voulait pas habiter chez mes parents. Elle disait qu'un jeune ménage doit être indépendant. J'ai eu du mal à la convaincre que je ne pouvais pas abandonner ma mère dans cette situation.

« On s'est installés mais la vie est rapidement devenue impossible, parce que l'autre n'est pas partie, au contraire. Ma femme ne comprenait pas pourquoi ma mère supportait ça, et moi non plus d'ailleurs... Quant à mon père, il me rendait fou de rage. Il ne se cachait même plus. J'avais l'impression de vivre dans un harem.

« Quand Marguerite a été enceinte, c'est devenu carrément insupportable. Elle a voulu partir à Paris et j'ai bien dû céder. »

Voilà ce qu'il dirait, Georges, s'il avait le temps de le dire, si on le lui demandait, et surtout s'il avait l'esprit clair, ce qui n'est pas le cas.

Encore maintenant devant ce tribunal, il ne sait plus où il en est. Quand on aime tout le monde comme lui, par habitude, on embrouille tout, on juge mal, on se noie dans ses sentiments comme dans un pot de confiture douceâtre. Et finalement on est écœuré.

Voici maintenant le troisième fait :

Georges Lay est arrêté le 18 juin 1929, à la gare de Lyon à Paris. Il tentait d'échapper à la Justice après s'être rendu coupable de meurtre.

Ça aussi c'est vrai. Vrai qu'il était à la gare de Lyon, vrai qu'il a tué, vrai qu'il s'enfuyait...

Mais ça non plus, ce n'est pas simple. Il n'y a pas que ces coups de feu, que ce cadavre... Tout ça est absurde ! Qui peut savoir comment les choses se sont enchaînées les unes aux autres, comment est venue la goutte qui a fait déborder le vase... pourquoi c'est devenu inévitable tout à coup...

Il faut remonter le fil enchevêtré de cette pelote, calmement, avec circonspection, au ralenti, comme un suspense au cinéma.

La scène se passe au domicile conjugal de Georges Lay à Paris, aux alentours du printemps 1926, dans la soirée.

Georges rentre chez lui sur la pointe des pieds, pour ne pas réveiller sa femme Marguerite.

« Georges, c'est toi ? »

C'est raté. En soupirant de résignation, le mari affronte sa femme...

« Tu es encore allé les voir. Ne me mens pas, c'est inutile... Je te préviens, Georges... Je ne le supporterai plus. C'est à toi de choisir : moi ou eux ! Ta femme ou ta famille !

— Mais ne sois pas si intransigeante, enfin ! J'ai bien le droit de voir ma mère... Et tu sais qu'elle est malheureuse, elle a besoin de moi !

— Ta mère n'a pas besoin de toi. Moi si ! Ta mère à son mari, qu'elle se débrouille avec, je veux garder le mien !

— Mais mon père la trompe, dans sa propre maison ! Et cette femme ne veut pas partir, tu le sais bien ! C'est pire qu'avant.

— Ecoute-moi bien, Georges. Je vais te le dire une fois pour toutes ! Si tu n'as pas compris, moi j'ai compris. Si cette femme couche avec ton père, c'est que ta mère le veut bien. Et non seulement elle le veut bien, mais elle serait prête à lui en amener d'autres...

– Tu ne sais pas ce que tu dis ! Ma mère aime mon père. Elle supporte cette situation pour ne pas le perdre, c'est tout.

– Tu es aveugle ! Complètement aveugle ! Tu ne t'es même pas rendu compte que si j'avais dis oui, moi aussi elle m'aurait *supportée,* comme tu dis, dans le lit de ton père... »

Là Georges se fâche tout rouge. Il est persuadé que Marguerite dit n'importe quoi... mais elle insiste.

« Quand on vivait là-bas, tu n'as jamais remarqué ce petit manège, le soir ? C'est ta mère, elle-même, qui me demandait gentiment d'aller dire bonsoir à bon papa dans son lit... Au début j'étais naïve, mais j'ai vite compris ! On ne le disait pas clairement, mais l'œil de ton père, lui, il était clair !

– C'est impossible ! Tu ne me feras pas croire ça une minute ! Ma mère est incapable d'une pensée pareille... Elle aime mon père, elle m'aime, et toi aussi elle t'aime ! Tu es injuste !

– Georges, que tu ne veuilles pas me croire, c'est ton affaire... Mais je te préviens, je ne retournerai pas là-bas, et si tu veux m'y obliger, je divorce ! A toi de choisir. »

Georges ne veut pas le croire. D'ailleurs il ne peut pas le croire. Il sait que sa mère est faible, mais pas à ce point là ! Il sait que son père court les jupons, mais pas comme ça !

De plus, la situation est suffisamment compliquée à son avis, sans y ajouter les horreurs que suggère Marguerite. Non.

Et Georges continue les visites à sa mère, en cachette. Il n'en parle plus à sa femme, il espère que tout va se tasser. Mais il y a un trouble de plus dans sa tête. Sans vraiment s'en rendre compte, il se met à observer son père d'un peu plus près, et peu à peu, une conviction s'installe : il ne s'agit pas d'une façade... Cette liaison avec Françoise, cette jeune veuve piquante, c'est plus qu'une aventure passagère. C'est une chose établie : elle est installée à demeure au même titre que sa mère. C'est de la bigamie pure et simple.

Le gendarme, qui a maintenant pris sa retraite, a bien organisé sa petite vie. L'épouse vieillie pour le ménage, les corvées et la façade... La maîtresse plus jeune, pour le plaisir et l'alcôve.

La colère de Georges se cristallise tout d'abord sur la maîtresse. C'est elle qu'il faut éliminer, pense-t-il. C'est elle la mauvaise qui a tous les atouts dans son jeu et profite à la fois de son père et de sa mère. Du désir de l'un et de l'amour de l'autre, pour assurer tout simplement son existence matérielle.

Georges l'affronte. Il croit l'affronter, en lui reprochant de s'approprier l'argent de la famille, le sien en quelque sorte... Il croit la mettre dans l'embarras en lui criant :

« C'est à cause de vous que je suis parti ! Vous m'avez pris ma place ! Vous tournez la tête à mon père, vous faites pleurer ma mère, vous n'avez aucun droit ici... »

Pauvre naïf ! Il espère, avec cet éclat, faire crever l'abcès, mais la maîtresse sait parfaitement comment parler à un brave garçon comme lui.

« Vous avez tort de penser cela, Georges. Vos parents m'ont accueillie par gentillesse. Vous croyez à des ragots... Votre mère est une femme admirable que j'estime beaucoup et que je respecte. Ne lui faites pas de peine, elle vous aime tant... Et moi aussi Georges, je vous aime tant... »

Comment se sortir de là ? Georges ne trouve qu'une issue, se mettre en colère après son père. Et avec le courage des faibles, il affronte celui qu'il considère maintenant comme le grand coupable... Là encore, il croit affronter en parlant argent. C'est le seul terrain qui ne puisse pas se dérober sous ses pas hésitants, la seule preuve tangible du désastre familial.

La dispute est violente, grave, définitive, et complètement à côté du problème. Les arguments de Georges sont ceux-ci : entretenir cette femme, c'est dilapider l'héritage familial, que lui Georges serait en droit d'attendre. La maîtresse à la maison, c'est les priver, lui Georges et sa femme, de vivre aux côtés de ses parents comme il le souhaitait... Bref, il ne dit pas « flanque cette fille à la porte, tu te conduis comme un monstre avec ta femme et ton fils », il dit « tu donnes ton argent à quelqu'un d'autre qu'à moi ». Ce qui n'a rien à voir. Ce qui est facile à démonter.

Et les arguments du père sont les suivants : je fais ce que je veux de mon argent, tu n'auras pas un franc de moi, jamais ! Je te renie, et t'interdis de remettre les pieds chez moi.

Il ne reste plus à Georges qu'à tenter de faire agir sa mère; après tout c'est elle la victime ! Elle ne peut plus se taire, il faut qu'elle parle, elle ne doit plus pleurer mais exiger !

Et là aussi Georges échoue lamentablement.

Les larmes aux yeux, sa mère le calme :

« Je suis trop vieille pour exiger quoi que ce soit. Ne te mêle pas de cela. Si je disais quoi que ce soit, ton père m'abandonnerait. C'est mon mari, Georges, et c'est ton père. Je l'aime, et je l'aimerai toujours. Je suis prête à tout supporter, même cette femme, aussi longtemps que je pourrai. Ne m'enlève pas mon courage. »

Voilà. Georges a fait le tour de ce qu'il pouvait faire, et il en est là.

Tout s'embrouille. Les choses qu'il sait, celles qu'il a peur de savoir, qu'on ne lui a pas dites mais qu'il a cru deviner... Il ne sait plus qui aime qui, et surtout de quelle façon. Il ne lui reste plus qu'une dernière impression en tête.

Le résultat de tout cela, c'est qu'il est incapable de sauver sa mère, la seule qui soit malheureuse.

Au fur et à mesure que le temps passe, Georges fait de cette idée une véritable obsession et les visites de plus en plus secrètes qu'il rend à sa mère vont peu à peu envenimer cette angoisse.

Georges se cache de tout le monde, lui qui aime tout le monde. Il se cache de sa femme, de son père... et il est sûr que la fausse résignation de sa mère, son mutisme, sa volonté inébranlable de ne pas aborder le sujet avec lui cachent une grande douleur.

Un jour, Georges dit à sa jeune épouse :

« Je vais partir. Je ne peux plus supporter cela, si tu ne veux pas que nous retournions vivre près de ma mère, je préfère m'engager dans la Légion. Tu divorceras si tu veux. »

N'importe qui remarque immédiatement l'illogisme de cette décision : si Marguerite ne veut pas retourner vivre chez ses parents, pourquoi n'irait-il pas tout seul, au lieu de s'engager dans la Légion ?

C'est que, encore une fois, Georges *aime* tout le monde, et il voudrait pouvoir tout aimer en même temps. Comme il sait que c'est impossible, il propose de fuir en glissant une dernière menace, un petit chantage... La réponse de Marguerite est nette :

« Tu es un lâche. »

Et Georges se dit qu'elle a raison, qu'il est un lâche, mais qu'il ne voit rien d'autre à faire.

C'est un lâche qui n'a pas de chance, qui plus est, car la Légion ne veut pas de lui. On n'engage pas pour l'instant...

Georges achète un revolver. Il n'a pas encore vraiment l'idée de tuer. Il y pense comme à une chose si définitive, si brutale, qu'elle lui paraît infaisable. Il n'a pas le tempérament d'un assassin, mais il en parle à sa femme.

Il essaie l'arme au cours d'une promenade dans la forêt, et il dit, comme pour s'en persuader :

« Je vais la tuer. Je vais tuer Françoise... Je vais lui donner une leçon, et tout le monde sera débarrassé. »

Marguerite s'affole un peu, juste pour le raisonner. Elle n'y croit pas. Quelle femme croirait son grand bougre de mari, quand il dit ce genre de bêtises ? Pas elle. Elle le sait coléreux, emporté, mais elle sait aussi qu'il aime tout le monde, et ne ferait pas de mal à une mouche.

« Range ça, Georges... Ne fais pas l'idiot, tu me fais peur... Tu voudrais que l'on dise de ta fille, c'est la fille d'un assassin ?

– Non, dit Georges, pas d'un assassin, d'un justicier. »

C'est là qu'en témoins éloignés que nous sommes, il nous est difficile de savoir ce qui se passe réellement dans la tête de Georges Lay.

Peut-être se dit-il seulement qu'il est incapable de faire face à la situation. Peut-être pense-t-il tout bêtement : « Je suis un pauvre imbécile qui ne sait plus à quel saint se vouer. J'ai perdu mon raisonnement, et tout ce qui faisait Georges Lay, fils et mari aimant, fils et mari aimé; personne n'a l'air de comprendre que je suis dans une impasse. Personne ne peut m'en sortir. Faisons un éclat, un vrai, c'est tout ce qui peut encore se faire. »

Et on peut penser aussi que ce garçon finalement, faible et désemparé, se sent en quelque sorte acculé à la dernière extrémité.

Acculé au meurtre, par incompréhension. Meurtrier bien sûr, mais inévitablement par un malentendu.

Georges quitte sa femme et sa petite fille cet après-midi de juin 1929. Il va chez ses parents. Le prétexte (réel mais sans importance) c'est qu'il va récupérer chez son père des papiers soi-disant importants : son livret de famille et on ne sait quoi d'autre.

Il arrive chez ses parents, en banlieue, après dîner.

Le revolver est dans sa poche. Marguerite a failli le lui prendre dans l'après-midi tout bêtement, mais, ne sachant qu'en faire, l'a abandonné entre les mains de son mari, persuadée que ce n'était pas grave...

Son père l'accueille mal, très mal. Sa mère s'esquive comme d'habitude. Il ne reste en face de lui que cette femme, l'intruse, la maîtresse. Elle sourit de la nervosité de Georges, elle sourit, et elle le nargue. Elle est chez elle. Chez son père à lui, chez sa mère à lui... Cette étrangère se « fout de lui » littéralement.

Georges triture le revolver dans la poche de son veston. Il lui vient une question stupide, un dernier réflexe d'auto-défense :

« Papa, c'est elle ou moi ! C'est simple. Tu choisis. »

Il ne réalise pas que pour son père non plus ce n'est pas simple. Qu'est-ce que ça veut dire « choisir » ? Choisir son fils ou sa maîtresse ? Choisir d'être grand, noble, bon et intransigeant, ou d'être tout bêtement un homme de soixante ans, paillard et un peu stupide, qui veut profiter des dernières années qui lui restent.

La réponse du père n'est même pas réfléchie, elle ne peut pas l'être, il dit tout bonnement :

« A mon âge, on ne choisit plus. C'est à toi de le faire. Vas-y, puisque tu es si malin ! »

Georges a tiré sans même s'en rendre compte. Il dira plus tard qu'il voulait tirer sur elle, la maîtresse, parce que son sourire était comme un défi.

En réalité, deux explications sont possibles. Ou il a tiré n'importe comment, au hasard, jusqu'à épuisement du chargeur. Ou il a visé son père.

Le résultat c'est le quatrième fait que rapporte le président.

Georges Lay a tué son père de deux balles dans le dos, et blessé la maîtresse de ce dernier. Les autres balles se sont perdues dans les murs.

L'avocat de l'accusé est une femme. Elle va plaider le crime passionnel.

Le procureur est un homme, il argumentera le crime d'intérêt.

C'est le troisième jour du procès. On a entendu tous les témoins amis de la famille décrire le père, la victime comme un don juan égoïste et redoutable. On a entendu la femme de Georges, son bébé sur les bras, dire que son mari était une victime inconsciente, qu'elle n'avait pas su protéger. Il ne reste que la mère à entendre.

Chacune des parties espère tirer le maximum de son témoignage. N'est-elle pas l'ultime arbitre, si son fils a tué par amour pour elle ? C'est ce que pense la défense.

N'est-elle pas l'unique juge, s'il a tué par intérêt ? C'est ce que pense l'accusation.

Et les jurés ? Tous des hommes. Que pensent-ils, les jurés ? Ils sont comme tout le monde, ils attendent la mère.

Première surprise, on apprend qu'elle s'est constituée partie civile, comme sa rivale. C'est une attitude sans précédent ou presque. A Georges qui ne comprenait pas, son avocate a expliqué :

« En principe, cela veut dire qu'elle plaide contre vous... Mais ne craignez rien, c'est votre mère, elle vous défendra. »

Georges regarde sa mère à la barre, droite dans ses voiles de deuil, les traits fermés. Elle ne craint pas de le regarder en face et sa déposition est courte mais impressionnante :

« Je ne crains pas de dire que mon fils accusait à tort mon amie Françoise et qu'il a calomnié son père et sa mère. Je ne demande qu'une chose pour lui : la peine de mort. »

La peine de mort ? Un chroniqueur rapporte que Georges Lay dans son box a pris l'air effaré. Impressionnés, les jurés ont regardé cette mère qui demandait la peine capitale pour son fils avec un sang-froid extraordinaire.

Le procureur, lui, n'osa pas. Les travaux forcés lui suffisaient amplement. Il les obtint facilement.

C'était le troisième jour du procès de Georges Lay. Cette fois-ci, il avait compris tout d'un coup. Compris qu'il s'était acharné à aimer ces gens pour rien, qu'ils n'avaient pas besoin de lui, qu'ils n'en avaient jamais eu besoin. Qu'il avait tué pour rien. Sa mère aimait à sa manière à elle, comme son père, et lui Georges, cela ne le regardait pas.

Marguerite tenta de rejoindre son mari, le 50 773 à Cayenne. Elle s'embarqua sur le *Flandres* en avril 1932, avec sa petite fille, pour les Antilles.

L'administration n'accepta pas qu'elle y reste, même pour y attendre une éventuelle libération.

Sommée de regagner la France, elle tenta avec son mari Georges, et le bébé, une folle évasion le 24 mai 1932 en barque sur le Maroni.

Le lendemain matin, ils étaient repris. Heureusement, car leur guide était un spécialiste peu recommandable, qui n'attendait que l'occasion de détrousser les fugitifs et de les enterrer quelque part dans la brousse.

Marguerite et le bébé durent regagner la France et Georges le bagne.

Leurs traces se perdent en 1934. Peut-être n'ont-ils jamais réussi à se rejoindre.

Mais l'important n'est-il pas qu'ils aient essayé ?

TABLE

IMPRIMÉ EN FRANCE PAR BRODARD ET TAUPIN
58, rue Jean Bleuzen - Vanves - Usine de La Flèche.
LIBRAIRIE GÉNÉRALE FRANÇAISE - 14, rue de l'Ancienne-Comédie - Paris.
ISBN : 2 - 253 - 03746 - X